Klimaneutral
Unternehmen
ClimatePartner.com/53585-1805-1001

Bibliografische Information der Deutschen Nationalbibliothek:
Die Deutsche Nationalbibliothek verzeichnet diese Publikation
in der Deutschen Nationalbibliografie; detaillierte bibliografische
Daten sind im Internet über www.dnb.de abrufbar.


oekom – Gesellschaft für ökologische Kommunikation mbH,
Waltherstraße 29, 80337 München

Umschlaggestaltung: Stefan Hilden, hildendesign.de
Lektorat: Laura Kohlrausch
Innenlayout & Satz: Ines Swoboda
Korrektorat: Silvia Stammen

Druck: GGP Media GmbH, Pößneck

MIX
Papier aus verantwortungsvollen Quellen
FSC® C014496


ISBN 978-3-96238-350-3

Wolfgang Schmidbauer

# Der Fortschritt und das Glück

## Eine gescheiterte Beziehung

oekom

# Inhalt

# Vorwort

Zu den prägendsten Erfahrungen meines Lebens gehören die Glücksgefühle, die von einem frühen Hineinstolpern in eine archaische Umgebung ausgelöst wurden. 25-jährig, frisch verlobt und mit einem Diplom in Psychologie ausgerüstet, hatte ich für den Gegenwert von einigen Tausend Mark ein verlassenes Steinhaus in der Toskana erstanden: solide Mauern und ein reparaturbedürftiges Dach, mit schönster Aussicht, ohne Autostraße, ohne fließendes Wasser, ohne Strom. Meine Frau und ich retteten dieses Haus vor dem Verfall und lebten dort einige Jahre, ehe unsere älteste Tochter eingeschult wurde. Ich hatte schon während des Studiums als Medizinjournalist gearbeitet und schrieb jetzt jeden Tag drei verkäufliche Seiten. Das reichte gut zu einem Leben mit Kerzenlicht, Kaminfeuer und Wasser aus der Quelle.

Wenn ich am Feuer saß, über die Felder ging, die an einen Schäfer verpachtet waren, wenn ich nachts in die Dunkelheit trat und die Milchstraße über mir sah oder im Juni die Lichtspuren der Leuchtkäfer, deren Flackern das Auge nicht anders deuten kann als einen springenden Funken, wenn der Mond durch die Äste schimmerte oder ein Gewitter über den Bergen von Pistoja ganz ohne Donner leuchtete, überfiel mich dieses Glücksgefühl: »Das ist schön, fast zu schön, um wahr zu sein, und doch ist es wahr – ich habe es nicht verdient, es ist mir in den Schoß gefallen.«

In dieser Stimmung lag der Keim eines meiner ersten Bücher: *Homo consumens*, eine psychologische Analyse der Konsumgesellschaft und ihrer Fähigkeit, Homo sapiens in eine Karikatur seiner selbst zu verwandeln. Die meiste Zeit meines Berufslebens habe ich letztlich doch in großen Städten verbracht, schließlich waren sie in der Zeit vor Internet und Handynetz die einzige Möglichkeit, am Fortschritt teilzunehmen (und sei es in der Form von Kritik).

Nach meiner Rückkehr in die Großstadt war ich Psychoanalytiker geworden. Mein Lieblingstext Sigmund Freuds wurde *Das Unbehagen in der Kultur*. Im Lauf der Jahre wuchs in mir die Idee heran, das in manchen Punkten nicht mehr zeitgemäße Modell Freuds zu ergänzen. Freud hatte die bürgerlich-kapitalistische Gesellschaft, Trägerin der Zivilisation seiner Zeit, in den Rang von Kultur schlechthin gehoben. Er nutzte die Forschung über die biologische und kulturelle Evolution zum Menschen nicht, und er kannte die schriftlosen Kulturen nicht gut genug, denen unser Fortschrittsgedanke undenkbar ist und die doch unseren sozialen Bedürfnissen sehr viel besser gerecht werden als das Projekt der Konsumgesellschaft.

Eltern begegnen der kindlichen Autoerotik heute weniger aggressiv und verbietend als zu Freuds Zeiten. So wird nicht mehr die Unterdrückung der kreatürlichen Bedürfnisse zur Quelle des Unbehagens. Unser Lebensglück wird vielmehr bedroht durch die manipulative Ausbeutung unserer Wünsche nach Geltung, verbunden mit der Angst, sich nicht in den Forderungen einer überkomplexen Gesellschaft zurechtzufinden. Diese Angst liest das Kind aus den Blicken der Eltern oder entwickelt sie im Scheitern seiner Anpassung an die Ansprüche einer ebenso reichen wie missgünstigen Kultur.

Die scheiternde Beziehung zwischen Fortschritt und Glück wird im Folgenden an vielen Beispielen und Szenen erläutert. Ich hoffe, dass sie Mut machen, unkonventionelle Wege einzuschlagen, und vor der Versuchung schützen, natürliche Lebensgrundlagen für Rohstoffe zu halten, die wir bedenkenlos in die Fundamente »fortschrittlicher« Projekte kippen können.

Die menschlichen Glücksmöglichkeiten sind sehr flüchtig, sehr persönlich; sie kommen von innen und klingen hohl, wenn sie von außen verordnet werden. Sie wurzeln im Kontrast zwischen Erregung und Beruhigung, zwischen trüben und frohen

Stimmungen. Wer sie in feste Formen gießen will, kann das Glück nicht sicher haben, muss eher fürchten, im Festhalten Unglück zu zementieren. Brauchbar für das Glück ist stets die Haltung, anderen und auch sich selbst mit Empathie und Gelassenheit zu begegnen. Diese Haltung speist sich aus der Gewissheit, dass unsere Glücksmöglichkeiten schwinden, wenn wir das Glück erzwingen möchten oder jenen glauben, die behaupten, solches für uns zu leisten.

München, November 2021
Wolfgang Schmidbauer

# Einführung

In diesem Buch geht es um einen Widerspruch: Obwohl immer mehr Menschen in wachsendem Wohlstand und steigender Sicherheit vor Krankheit und Gewalt auf dem Planeten leben, steigt jedes Jahr die Zahl derer, die an Depressionen und Ängsten leiden. Das ist statistisch gut beobachtbar und über klinische Diagnosen hinaus in Umfragen, in dem wachsenden Verbrauch von Psychopharmaka und in den Wartelisten psychotherapeutischer Praxen dokumentiert. Ist das nur ein ungünstiger Zufall? Oder könnte es sein, dass es der Fortschritt selbst ist – vielleicht genauer: ein allzu gieriger Umgang mit ihm – der uns in Gefahr bringt, unglücklich zu sein?

Mir kommt dabei eine Fabel von Fuchs und Wolf in den Sinn: Der Fuchs bringt den Wolf auf die Idee, zusammen in den Keller eines Metzgers einzusteigen. Dort angekommen, machen sich die beiden über Würste und Schinken her. Der Wolf schlingt nach Herzenslust, der Fuchs aber unterbricht gelegentlich das Festmahl und quetscht sich durch das Fenstergitter, durch das sie eingedrungen sind. »Was tust du?«, will der Wolf wissen. »Ich sehe nach, ob jemand kommt«, sagt der Fuchs. Irgendwann im Laufe des Gelages stößt der Wolf ein Fass um. Der Lärm weckt den Metzger, er kommt mit einem Knüppel. Der Fuchs kriecht schnell durch das Fenster und entkommt, der Wolf jedoch bleibt stecken und wird verdroschen.

Die Entfernung von der Natur im Sinn einer besseren Kontrolle über die Unberechenbarkeit von Jagdbeute und Sammelertrag ist untrennbar mit der Menschwerdung verbunden: Tierhaltung und Landwirtschaft, Medizin, Infrastruktur und Technik erleichtern den menschlichen Zugriff auf Güter ungemein. Aber wie gehen wir mit dieser Naturentfernung und ihren Früchten um? Haben wir gleichzeitig auch eine bessere Kontrolle über uns selbst entwickelt, die uns erlaubt, die Angebote der fortschrittlichen Welt zu handhaben? Sind wir in der Geschichte der gierige Wolf, der bedenkenlos die Segnungen des Metzgerhandwerks konsumiert, oder der schlaue Fuchs, der die Verführung kontrolliert und sich damit selbst schützt – wie Odysseus, der sich an einen Schiffsmast binden lässt, weil er den verführerischen Gesang der Sirenen hören will, aber um seine zerstörerische Wirkung weiß?

Unsere Möglichkeiten, die Natur zu vertreiben, haben sich in den letzten Jahrhunderten multipliziert. Den wenigsten Menschen ist aber durchweg wohl mit dieser Entfernung. An Wochenenden und im Urlaub entfliehen sie dem städtischen Leben, in das die Industrialisierung immer mehr Menschen gezwungen hat. Als das während der Coronapandemie nicht möglich war, wurden Katzen und Hunde en masse gekauft; Grün wucherte auf Balkonen. Wir sehnen uns nach Wohnorten, in denen Natur und Technik sich versöhnen. Davon können wir gegenwärtig jedoch nur träumen. Dem Fetisch des »stärker und schneller« folgend haben wir unsere Städte autofreundlich statt lebensfreundlich gebaut – daran kann auch die vermeintlich umweltschonende Elektromobilität nichts ändern, zumindest nicht, wenn sie in immer leistungsstärkeren SUVs daherkommt und die Straßen weiterhin verstopft.

Natürlich lässt uns die Naturentfernung nicht kalt – schon das Wort »natürlich« zeigt, dass unser Denken geprägt ist von einer Art Unwohlsein, wenn etwas eben »unnatürlich« ist (es gibt im Deutschen sogar die Steigerung »widernatürlich«, deren Einsatz meist pure Ideologie ist, wenn es beispielsweise um den Kampf gegen so natürliche Neigungen wie Selbstbefriedigung oder Homoerotik geht).

Keiner der frühen Zweifler am Fortschritt konnte voraussehen, womit wir uns heute plagen. Rousseau argumentierte brillant, am Anfang des menschlichen Elends stehe das Eigentum:

> Der erste, der ein Stück Land mit einem Zaun umgab und auf den Gedanken kam zu sagen ›Dies gehört mir‹ und der Leute fand, die einfältig genug waren, ihm zu glauben, war der eigentliche Begründer der bürgerlichen Gesellschaft. Wie viele Verbrechen, Kriege, Morde, wie viel Elend und Schrecken wäre dem Menschengeschlecht erspart geblieben, wenn jemand die Pfähle ausgerissen und seinen Mitmenschen zugerufen hätte: ›Hütet euch, dem Betrüger Glauben zu schenken; ihr seid verloren, wenn ihr vergesst, dass zwar die Früchte allen, aber die Erde niemandem gehört.‹[1]

Rousseau konnte nicht ahnen, dass im 21. Jahrhundert nicht nur eingezäunt, sondern auch verbrannt und vergiftet wird. Viele der Schäden durch den Fortschritt lassen sich nicht mehr rückgängig machen, weil sie nicht wie ausreißbare Zäune auf dem Land stehen. Gifte wie DDT, Quecksilber und Weichmacher für Kunststoffe treiben massenhaft in den Weltmeeren. Sie reichern sich am Ende von Nahrungsketten zu gefährlichen Potenzen an – und können nicht mehr aus diesen Kreisläufen entfernt werden. Das ist kein mythischer Sündenfall, es ist ein realer.

Inzwischen hat das Klimaproblem die Umweltvergiftung an Dringlichkeit überholt. Beiden gemeinsam ist der Schritt in Abhängigkeiten, die wie zementiert wirken. Der Autoverkehr etwa ruiniert die Lebensqualität in den Städten und macht sich zugleich unentbehrlich, weil sich dieser Ruin in einem Auto besser ertragen lässt und man mit ihm am Wochenende »in die Natur« entfliehen kann.

Der zweite Sündenfall war die Hingabe an den Zwang, Profit zu erwirtschaften, koste es, was es wolle. Wenn die Beteiligten von toxischen Entscheidungen *sofort* vergiftet siechen würden, wäre es nie so weit gekommen. Aber nachdem viele Folgen der kapitalistischen Industrie zwar bösartig sind, aber erst später oder weit entfernt von den Konsumenten und Entscheiderinnen eintreten, wachsen die Gefahren.

Nie haben so viele Menschen in so viel Sicherheit und Wohlstand auf dieser Erde gelebt wie gegenwärtig – und nie hatten gerade die Bürger der reichsten Länder so viele und so gut begründete Ängste vor der Zukunft. Jeder Schritt der kulturellen Evolution ist auch ein Schritt vom Hunger zur Angst, jeder Gewinn an Macht über das Leben weckt die Angst vor dem Verlust dieser Sicherheit. Angst macht rücksichtslos und kalt, daher können wir an vielen Orten beobachten, wie kaltes Denken frühere, der Empathie nähere Strukturen überwältigt.[2]

Je komplexer die Welt wird, desto mehr wächst auch die Anziehungskraft von Lügen, in denen die gegenwärtig sichtbaren, bösartigen Folgen der Entwicklung weggewünscht und wegversprochen werden. Der Ängstliche glaubt nur allzu gerne, dass Gefahren nicht existieren, solange sie ihn noch nicht unmittelbar betreffen, vor allem, wenn eine charismatische Figur ihn darin unterstützt. Neben das Charisma des Ehrlichen, der sich redlich bemüht, den Zustand der ihm Anvertrauten zu bessern, tritt das Charisma des Betrügers. Er vermittelt eine ganz andere Botschaft, die ihm kurzfristig hohe Aufmerksamkeit garantiert: »Ich werde euch zwar nichts von dem Guten geben, das ihr euch wünscht, aber ich kann euch erklären, wen ihr dafür hassen sollt, weil ihr es nicht bekommt!«

In der modernen, individualisierten Konsumgesellschaft hat die Angst ein neues Trägermedium entdeckt: den Neid. Rousseau hat das schon erkannt: Wir gehen zwar nicht mehr hungrig ins Bett, aber wir können nicht schlafen, weil andere erfolgreicher sind, mehr und bessere Dinge haben – schlimmer noch, weil sie bessere Beziehungen haben (oder wir das wenigstens glauben). Missgunst weckt Angst, Angst festigt Missgunst; wo es bestimmt genug gäbe, um allen ein menschenwürdiges Leben zu ermöglichen, werden die einen in Elend gezwungen, weil die anderen fürchten, alles zu verlieren, wenn sie ein wenig abgeben.

Die immense Macht der Angst wird in einer Rhetorik deutlich, die in vielen Ländern Europas einen Untergang durch arme Eindringlinge befürchtet und mit Slogans wie »das Boot ist voll«[3] abwehrt, ohne einen Gedanken daran zu verlieren, dass die Geburtenrate in den meisten europäischen Ländern so gering ist, dass sie auf Zuwanderung angewiesen sind.

Gegenwärtig bräuchten die Spitzenreiter der kulturellen Evolution sechs Planeten von der Größe der Erde, um ihre Wirtschaft zu stabilisieren. So ist der Gedanke des »zurück« unvermeidbar geworden. Er sollte aber nicht in primitive Nostalgie führen. Das Bild des »edlen Wilden«, der gerne teilt und die Natur nicht zerstört, ist oft mit kritischen Argumenten in Scherben geschlagen worden – und hat sich ebenso oft wieder zusammengefügt. Freud suchte nach einem Kompromiss: Die Kultur ist unvermeidlich, aber muss sie so beschaffen sein, dass die Menschen neurotisch werden und der normengetreue Bürger eine unglückliche Person ist?

Die Fortschritte zu Wohlstand und Sicherheit haben nicht dazu geführt, dass sich die Menschen besser *fühlen*. Nach Umfragen nehmen Lebensängste zu und die materiell irrige Aussage, dass früher alles besser war, wird von Mehrheiten bejaht. Die Gründe dafür sind komplex. Sie hängen mit einer durchaus realistischen Notwendigkeit zur kulturellen Transformation zusammen, fort von der Verschwendungsgesellschaft, spiegeln aber auch eine einfühlbare Angstdynamik. Wir fürchten uns nicht vor der Vergangenheit – sie ist ja bezwungen, hurra, wir leben noch! – wohl aber vor der Zukunft. So würden manche Menschen gerne aus der Gegenwart in eine idealisierte Wiedergeburt der Vergangenheit flüchten, in eine von anderen Menschengruppen oder Glaubensformen befreite Größe und Macht.

*Kapitel 1*

# Die Regulierung des Lebens

Seit jeher erleben Menschen die Natur als Mutter und Feindin zugleich. Wer in Mitteleuropa einen Garten anlegt, kann sich jeden Tag mit diesem Dilemma beschäftigen. Es grünt, blüht, trägt Frucht, aber der Gärtner muss beständig mähen und jäten. Tut er das nicht, ist sein Garten nach zehn Jahren von Wald bedeckt. Wenn er alljährlich schweißbedeckt seinen Heckenschnitt auf den Kompost wirft, mag er sich an den Mythos vom goldenen Zeitalter erinnern, in dem nach Hesiod die Menschen von süßen Eicheln lebten, Teil der Natur, mütterlich von ihr ernährt, nicht geschwächt von einem unaufhörlichen Kampf.

Hesiod und die Erzähler der biblischen Paradiesgeschichte verbindet der Gedanke, dass es ein *Verlust* war, Ackerbau und Tierzucht zu erfinden, eine Sünde, Folge verderblicher Verführung. Der Mensch überschreitet dabei eine Grenze. Er will Gott spielen. Er gestaltet die Welt, erfindet Neues, statt zu lassen, was ist, und vom Überfluss zu nehmen. Dieser Gedanke verbindet Freuds *Unbehagen in der Kultur* mit den Büchern Mose und anderen Mythen, die eine Ambivalenz der Evolution zeichnen.

Der Gestaltungswille, der sich in der neolithischen Revolution zeigt, diente vor allem der Einhegung einer großen Gegnerin: der Angst. Sie macht es uns unbequem in unserer Haut und führt zu einer Sehnsucht nach Größe und Macht, mit denen wir uns sicherer fühlen. Angst hat schon immer Sicherheitsbedürfnisse geweckt, aber die Möglichkeiten, diese Sicherheiten zu erzeugen, waren während der biologischen Evolution minimal und auch in der kulturellen Evolution lange Zeit sehr gering.

Doch irgendwann gelangen die entscheidenden Schritte. Ackerbau und Viehzucht sind wohl die ersten, die wir gut fassen können, obwohl auch ein verbesserter Speer oder ein gefiederter Pfeil dem altsteinzeitlichen Jäger größere Sicherheit schenkten – und damit die Angst verkleinerten, sich am Abend hungrig schlafen legen zu müssen. Und schon bei diesen ersten Errungenschaften wird auch der Schatten der Fortschritte sichtbar: Fernwaffen etwa steigern die Versuchung, sich Mord als etwas vorzustellen, das ohne eigene Gefahr, ohne Konsequenzen möglich ist. Der Täter hält das Leid des Opfers von sich fern – ein Schritt, der nicht mehr rückgängig gemacht werden kann, wenn er erst einmal getan wurde.

Seither hat der Mensch seine Möglichkeiten rapide verbessert, das eigene Leben und das Leben um ihn herum zu kontrollieren. Aber was anfangs geeignet schien, Ängste abzuwehren, uns etwa die Sicherheit des Hirten gegenüber dem Jäger, der Gärtnerin gegenüber der Sammlerin zu spenden, ist spätestens seit dem Exzess der Konsumgesellschaft zur mächtigsten Angstquelle von allen geworden. Der Fortschritt hat eine manische Qualität gewonnen – es soll alles für alle in immer besserer Qualität geben.

Manie und Melancholie, Überschwang und Depression sind schon geraume Zeit als psychologische Gegensatzpaare bekannt; wo ihre Extreme destruktiv werden, spricht man von einer zyklothymen, bipolaren oder manisch-depressiven Störung. Wer mit solchen Kranken therapeutisch arbeitet, wird bald entdecken, dass sie in depressiven Perioden hoch motiviert sind, Hilfe anzunehmen, in ihrer gehemmten und bedrückten Stimmung aber wenig verändern können, während sie in den manischen Phasen sehr aktiv und innovationsfreudig sind, aber wenig motiviert, sich mit sich selbst auseinanderzusetzen. Dann verwandelt sich der anfangs bewunderte Helfer schnell in einen Langweiler, den man nicht mehr sehen mag.

Manisch-depressive Erkrankungen sind wohl nur in einer vom Eigentum geprägten Kultur möglich. Nur dort stehen Manikern genug materielle Mittel zur Verfügung, um ihre Manie voll auszuleben. Seit den Anfängen der Psychiatrie ist die Verschwendung ihres Vermögens der zentrale Anlass, Maniker in geschlossenen Stationen unterzubringen. Grenzüberschreitungen sind sozusagen das Ding der Manie, wobei es sich, wie bei allen Psychosen, stets um eine Interaktion zwischen seelischer Störung und sozialem Angebot handelt.

Die manische Illusion weckt den Glauben an totales Gelingen; die kollabierende Größenfantasie droht das Ich zu vernichten. Ebenso verhält es sich mit dem Fortschritt: Kollektiv wollen wir mit ihm immer höher, schneller, weiter. Doch die Konsequenzen unseres blinden Verschwendens der Natur lassen sich nicht länger verdrängen; die Illusion unendlichen, konsequenzenlosen Wachstums bröckelt. Die gegenwärtige *Angst* in der Kultur reagiert auf nichts Geringeres als den Untergang des menschlichen Lebens durch die drohende Zerstörung des Planeten. So wurde der angstbezwingende Fortschritt ironischerweise zur Angstquelle.

Es überrascht daher nicht, dass einige derzeit einen Blick zurückwerfen: Die ökologische Überlegenheit der steinzeitlichen Kulturen hat neues Interesse an ihnen geweckt. Schließlich haben die Angehörigen dieser Kulturen viele Jahrtausende den Planeten erobert, ohne einen einzigen seiner lebenswichtigen Kreisläufe zu gefährden. Sie blieben ihr Leben lang gleich weit vom Komfort einer funktionierenden Stadt wie von der Hölle eines Bombenkrieges oder den Bedrohungen der Klimakrise entfernt. Lässt sich aus diesem Blick zurück etwas mitnehmen für unser zukünftiges Zusammenleben und das Glück?

Die Forschung über die Jäger- und Sammler-Kulturen macht deutlich, dass es keine »Wilden« in dem Sinn gibt, den der Blick der westlichen Zivilisation entwirft.[4] Die Primitiven kennen die Sprache und sie haben Regeln des Zusammenlebens, wenngleich sehr wenige Sanktionen, um diese durchzusetzen. Sie verteidigen sich energisch, wenn es gar nicht anders geht, gehen aber einem Kampf lieber aus dem Weg und lösen Konflikte durch Distanzierung: Wer Streit hat, schließt sich einfach einer anderen Gruppe an. Diese Kulturen zeigen nicht nur deutlich weniger Regulierungsdrang, was die nichtmenschliche Welt angeht; auch die elementaren Momente des menschlichen Lebens werden bei ihnen weniger kontrolliert.

## Die Regulierung von Geburt und Tod

Die gesellschaftliche Regulierung von Geburt und Tod ist in der Altsteinzeit den Bedürfnissen der Beteiligten überlassen. Frauen, Männer und Kinder sorgen füreinander, aber auch hier gibt es wenig Sanktionen, wenn ein Mann nicht von einem Jagdzug zurückkommt, weil er sich einer anderen Gruppe angeschlossen hat, oder eine Frau mit einem anderen Mann weiterzieht. Kinder zu bekommen, ist selbstverständlich; ein respektvoller Umgang mit ihnen wurde oft beschrieben. Es gibt aber ebenso keine Strafen, wenn sich eine Mutter gegen ein Kind entscheidet. Das Neugeborene wird sterben, wenn nicht eine andere Frau ihre Aufgabe übernimmt. Entweder ist in der Gruppe, in die das Kind hineingeboren wird, die Wärme da, es anzunehmen und zu beschützen – oder es gibt nach kurzer Zeit das Kind nicht mehr.

Wo der Staat die Fruchtbarkeit der Menschen reguliert, kann diese Wärme verloren gehen. Die traditionelle Gesetzgebung war patriarchalisch und militarisiert. Die Unterbrechung einer Schwangerschaft wurde mit strengen Strafen verboten; das seelische Elend unerwünschter Kinder war dem Gesetzgeber egal. Kinder überleben auch in einer kalten Umgebung, und das System war auf die Produktion möglichst vieler Soldaten zugeschnitten.

Die liberale Wende stellte später nicht mehr den Soldaten, sondern die Konsumentin und den Konsumenten ins Zentrum, daher öffneten sich die Strukturen nach und nach den Frauen und der Sexualität. Schwangerschaften dürfen heute unterbrochen werden, Homosexualität und Transsexualität sind erlaubt. Diese

Öffnung ist höchst erfreulich – aber das Problem der Kälte bleibt, es nimmt vielleicht sogar zu, denn statt empathischer Aufklärung wird etwa bei der Abtreibung eine schnelle, »harmlose« Dienstleistung angeboten und vernünftige Aufklärung darüber bisher vom Gesetzgeber tabuisiert. Das verführt zu einer Art Flucht nach vorne, einer Entscheidung, die ohne Einfühlung in ihre existenzielle Dimension vollzogen wird. In der therapeutischen Praxis klagen manche Frauen, die früher eine Abtreibung hatten und jetzt einen unerfüllten Kinderwunsch, über ihre unbedachte Entscheidung damals. »Ich habe es einfach so gemacht, damit ich es hinter mir habe. Und jetzt weine ich jedes Mal, wenn ich daran denke.«

Wer aus solchen Gedanken lesen möchte, die drakonischen Verbote einer Abtreibung seien eine »bessere« Lösung, denkt am Wesentlichen vorbei. Es geht darum, eine Entwicklung zu unterstützen, nicht sie zu unterdrücken. Das ganze Elend von Debatten über die Regulierung des Lebens steckt in der ebenso dummen wie verbreiteten Auffassung, dass jeder, der gegen ein strafbewehrtes Verbot der Interruptio ist, Abtreibungen »befürwortet«. Wer über das menschliche Glück im Kontext technischer Lösungen nachdenken will, sitzt immer zwischen zwei Stühlen, denn er ist weder dafür noch dagegen und wird deshalb zum Feind der Fanatiker auf beiden Seiten.

Aber nicht nur der menschliche Lebensbeginn, auch das Lebensende wird durch den Fortschritt zunehmend reguliert. Der Tod ist nicht mehr frei, er kann kein Freund der Schwerkranken mehr sein, denen der Weg zurück in ein lebenswertes Leben abgeschnitten ist. Wir haben ihn eingesperrt, er wird von Juristen, Theologen und Medizinern bewacht. Sterbende werden an Orte gebracht, deren Inspiration es ist, Leben zu retten und den Tod zu vertreiben.

Diese Gefangenschaft des Todes schmälert unsere Chancen auf Glück und ein friedvolles Hinnehmen schwerer Situationen. Der mehrfach Beeinträchtigte, von unheilbarem Schmerz Geplagte, dem der Tod als Erlösung vorschwebt, soll über dieses glückliche

Bild nicht sprechen. Er stößt auf Kritik, Furcht, Ablehnung, Verschlossenheit. Hier zeigt sich vielleicht am deutlichsten, wie der technische Ausbau eines glücksgesicherten Lebens in sein Gegenteil umschlägt: Wir dürfen nur noch Angst haben vor dem Tod. Ich werde darauf abermals zu sprechen kommen, wenn es später um die Coronapandemie geht.

Die bei Weitem längste Periode unserer Entwicklung haben wir auf der Erde gelebt, ohne uns um das Richtige und das Falsche zu kümmern. Wenn in der paläolithischen Kultur Stammesangehörige nicht mehr für sich selbst sorgen können, werden sie in guten Zeiten, wenn es genug Beute, Früchte, Nüsse oder Knollen gibt, durchgefüttert. In schlechten Zeiten bleibt nichts für sie übrig. Wenn jemand erkrankt, wird ein Schamane gerufen, dem die Geister sagen, ob und wie die Krankheit geheilt werden kann oder nicht. Die Heilung »macht« nicht der Schamane, sie ist ein Gruppenprozess. Wer viele Freunde hat, lebt länger als der Menschenfeind.

Die vielleicht drastischste Regulierung des Lebens ist seine vorsätzliche Beendigung, das Töten. In den archaischen Kulturen gibt es keine Unterscheidung zwischen geplantem Mord und Totschlag und ebenso wenig festgelegte Strafen dafür. Wir wissen nicht viel darüber, aber immerhin so viel, um nicht zu glauben, dass die Primitiven besonders mordlustig sind – und schon gar nicht, wie Diderot unterstellt, dass der Sohn den Vater erschlägt und die Mutter »heiratet«. Sie organisieren keine Kriege; es wird nichts erobert und besetzt, es gibt keine Sanktionen, wenn dem Jäger eine Fährte interessanter erscheint als der Zug gegen eine feindliche Gruppe, zu dem er mit anderen aufgebrochen ist. Es macht keinen Sinn, weite Wege zu gehen, um anderen Jägern die Beute wegzunehmen, denn sie *haben* womöglich gerade gar keine.

Wenn Jägerkulturen Plünderung und Sklaverei nicht kennen, bedeutet das nicht, dass sie bessere Menschen hervorbringen. Sie sind auch keine Fahnenträger gewaltfreier Kommunikation. Es ist schlicht ihre Lebensform, die es ihnen erspart, das Böse zu kennen, das in jedem Zugewinn an Macht steckt.

Nicht von Anfang an ist der Mensch dem Menschen ein Wolf. Er hat sich selbst dazu verführt, indem er dafür sorgte, dass sich Raub und Versklavung lohnen. Keine andere Macht als die unsere hat uns aus dem Paradies vertrieben, bestrebt, es zu verbessern.

Vorratswirtschaft ist ambivalent: Sie ermöglicht bis dato undenkbare Entwicklungen und Sicherheiten und bringt zugleich Gefahren mit sich, die umso deutlicher werden, je bequemer es sich Menschen im Überfluss machen. Soziale Organisationen wie die Stadt, große Bauwerke, Literatur und systematische Forschung sind nur dort möglich, wo Menschen ihre Tätigkeit nicht immer wieder unterbrechen müssen, um Nahrung aufzutreiben.

Zugleich verlagern sich Konflikte in einer Vorratswirtschaft unweigerlich auf die Verhältnisse zwischen Menschen. Progression und Regression gehorchen nicht mehr dem zyklischen Muster von Hunger, der mobil macht, und Sättigung, die Ruhe bringt. Manche Menschen leisten viel, andere leben auf deren Kosten. Als Adam grub und Eva spann – wo war denn da der Edelmann? Nun, er drohte beiden mit Schaden an Leib und Leben, wenn sie ihm nicht gaben, was er brauchte, um sie vor seinesgleichen zu schützen.

Der Spruch von Adam und Eva gehört in die Zeit der Bauernkriege des 16. Jahrhunderts. Die Aufständischen scheiterten damals an der besseren Organisation der Feudalherren. Ständische, traditionell orientierte Gesellschaften konnten seit dem letzten Drittel des 18. Jahrhunderts die Freisetzungsbewegungen, die Hegel und Marx durchleuchtet haben, nicht mehr unterdrücken. Weder Bäuerin noch Bürger erkämpften jedoch in diesem Aufstand ihre Freiheit – sie mochten es für kurze Zeit glauben, aber die neugewonnene Freiheit reichte nur so weit, wie sie dem Kapital nützte, das alle Strukturen auflöst und dem Gebot der eigenen Maximierung unterwirft.

Hier beginnt die eigentliche Verwirrung des Menschen durch die Moderne: Sie hat angeboten, ihn von den bedrückenden Einschränkungen der Traditionen zu befreien, die in der neolithischen Welt nach der Vertreibung aus dem kargen Paradies der Altsteinzeit den ortsfesten Bauern, den arbeitswilligen Leibeigenen, den pflichtbewussten Handwerker schufen und einer winzigen Oberschicht eine Ahnung von Selbstverwirklichung spendeten. Seither kann jeder werden, wohin ihn seine Fähigkeiten tragen.

Aber diese schöne neue Welt ist nicht mehr die Wildnis, in der einst Jäger und Sammler überlebten. Es ist eine von Menschen und ihren Erfindungen gemachte Welt, kompliziert, widersprüchlich, unberechenbar. Sie verändert sich schnell, über Nacht kann etwas nicht mehr sein, was gestern noch da war. In der Jäger-Welt wecken persönliche und kollektive Katastrophen keine Schuldgefühle, wie sie moderne Katastrophen an sich haben. »Ich habe meinen Job verloren, weil mein Mentor sein Vorstandsamt verloren hat – wieso habe ich das nicht früher bedacht?« »Die Häuser meiner Nachbarn wurden von einer Flutwelle fortgerissen – wieso haben wir nichts gegen die klimatischen Veränderungen getan?«

Je größer soziale Gebilde werden, und je mehr Individuen leisten müssen, um einen sicheren Ort in ihnen zu finden, desto größer wird die emotionale Fallhöhe von Sicherheit zu Angst. Schein-Sicherheiten wachsen, deren Bruch heftige Traumatisierungen auslöst und an dem Sinn des sozialen Gebildes zweifeln lässt. Im buddhistischen Gründungsmythos erzählt man sich, dass ein Fürst seinen Sohn vor allem Wissen um das Leid des Lebens bewahren wollte und dafür die ultimative Schein-Sicherheit schuf: Ein Leben komplett ohne Leid. Als der Prinz eines Tages unausweichlich doch mit Krankheit und Tod in Kontakt kam, entfaltete diese Begegnung, weil er so völlig unvorbereitet war, die Wucht, ihn komplett aus seinem luxuriösen Leben zu reißen. Sie macht ihn zum ruhelosen Wanderer, Asketen und Wahrheitssucher.

Die Regulierung des Lebens hin zur Abschirmung aller negativen Seiten mithilfe des Fortschritts – Norbert Elias spricht von einer normativen Pazifizierung der »besseren« Schichten der Gesellschaft – mag auf den ersten Blick beruhigend wirken, überlagert aber im Angesicht der Realitäten des Lebens zunehmend Glücksmöglichkeiten mit Angst.

## Die Regulierung des Verhältnisses zum eigenen Körper

Eine weitere Seite des Lebens, die in den fortschrittlichen Gesellschaften massiv reguliert wird, ist das Verhältnis zwischen Selbst und Körper. Die Regulierung dieser Beziehung beginnt bereits im frühen Alter und führt oft zu einer elementaren Störung: dem Scheitern der Autoerotik. Die Freude an den Lustquellen des eigenen Körpers wird spontan entdeckt und im kindlichen Spiel gepflegt, solange Vorbilder oder Eingriffe der Erziehenden diese Entwicklung nicht ablenken oder blockieren. In Kulturen, die eine perfektionistische Auffassung von Sexualität dominiert, wird dieses Spiel entwertet und die primäre Vielfalt der Erotik kanalisiert.

Freud beschrieb, dass der Menschen Seele Schaden leidet, wenn ihnen zu viel Triebverzicht abverlangt wird (jedoch hatte auch er den abschätzigen Blick auf die kindliche Erkundung der Autoerotik nicht ganz überwunden – er sprach vom »polymorph-perversen Erleben des Kindes«). Das Gelingen der Selbstbefriedigung baut eine fürsorgliche Beziehung zum eigenen Körper auf, der als Lustquelle folgerichtig geschätzt und geschützt wird. Wo diese Beziehung fehlt und der Mangel an Autoerotik zu innerer Leere führt, finden die Angebote psychoaktiver Drogen und narzisstischer Fantasien einer grundlegenden Veränderung des Körpers durch Operationen, Anorexie oder sexuelle Transformation ihren Nährboden.

In der viktorianischen Gesellschaft wurden die sexuellen Wünsche in ein Korsett gezwängt. Ihnen mehr Raum zu geben, war ein Schritt zu mehr Freiheit. In der Konsumgesellschaft lösen sich asketische Ideale auf, was jedoch nicht bedeutet, dass das Verhältnis zum Körper heute liebevoll gepflegt wird. Während die Autoerotik in den soldatisch geprägten Gesellschaften des 18. und 19. Jahrhunderts offen aggressiv bekämpft wurde, scheinen die gegenwärtigen Störungen vor allem in der Angst der Bezugspersonen zu wurzeln, ihr Kind entwickle sich nicht »richtig« oder sei nicht »normal«. Freudlosigkeit der Eltern dringt in die kindliche Psyche und erschwert eine lustvolle Selbstfindung.

In unserer Kultur verbindet sich zunehmend narzisstisch besetzter Hedonismus mit technischen Machbarkeitsillusionen und verschleiert Störungen in der Entwicklung eines autoerotisch positiv besetzten Körperselbst – statt Körper vor gefährlichen, schmerzhaften Eingriffen zu bewahren, werden ebendiese Eingriffe oft als schnelle Lösungen für ungeliebte Körper eingesetzt.

Hier sei eine kleine Nebenbemerkung zur Gegenüberstellung »natürlicher« Entwicklung und »technischer« Lösungen erlaubt: Der Gedanke, dass »Natur« eine steuernde Rolle im menschlichen Erleben spielen sollte, wird nicht selten mit faschistischen und rassistischen Ideologien in Verbindung gebracht. Er ist in der Tat aufgegriffen und missbraucht worden, um eine an der bürgerlichen Emanzipation bereits gescheiterte patriarchale Position quasi als »natürliche Rolle« von Mann und vor allem Frau neu zu beleben. Das geschah insbesondere im 19. und 20. Jahrhundert, prägt aber eine »Soziobiologie« oder auch »Humanethologie« genannte Pseudowissenschaft bis heute.[5]

Die Einstellung zur Autoerotik ist hier ein brauchbarer Signalgeber, ob differenziert über die Anforderungen der »Natur« an die menschliche Psyche nachgedacht oder eine Ideologie des Natürlichen als Machtinstrument missbraucht wird. Das Menschenbild des Faschismus und Nationalsozialismus wurzelt in einer heroischen, jeder Autoerotik feindlichen Auffassung des Körpers, die sich bis zur Feier des Todes steigern kann.[6]

*Kapitel 2*

# Die Sehnsucht nach einer kränkungsfreien Welt

Das seelische Paradox der entwickelten Gesellschaft lässt sich so zusammenfassen: Die Konsumgesellschaft weckt die Sehnsucht nach einer kränkungsfreien Welt. Wer eine solche Welt in Aussicht stellt und anstrebt, steigert erst einmal die Empfindlichkeit für Kränkungen, um sein Anliegen in den Vordergrund zu bringen. Der psychische Zustand wird also erst einmal verschlechtert, um einem angekündigten Idealzustand näherzukommen.

Das Versprechen von Lohn im himmlischen Paradies als Entschädigung des Dienens auf Erden erklärte damals schon Marx zu einem Trick, um den revolutionären Geist des Proletariats zu lähmen. Später versuchten allerdings auch marxistische Revolutionäre, den Menschen leidvolle Übergangszeiten als Vorstufen zu einem künftigen Paradies der Werktätigen schmackhaft zu machen.

In Jägerkulturen finden sich solche Gedanken nicht. Wer von der Hand in den Mund lebt, wird keinen Gedanken an das Schicksal seiner Seele im Jenseits oder das Glück künftiger Generationen verschwenden. Auch der Jäger muss lernen, Schmerz zu ertragen, um ein Ziel zu erreichen, wenn er seine Beute hetzt oder in unbequemer Körperhaltung lauert. Aber er hat dabei ein konkretes Ziel vor Augen und wird daraus weder ableiten, dass es *gut* ist, Schmerzen zu ertragen, noch nach der Sicherheit greifen, dass sich schmerzliche Erlebnisse irgendwann irgendwie ganz aus der Welt schaffen lassen.

Das Paradox kommt durch den Fortschritt ins Spiel: Je mehr Mittel gegen Schmerz eine Gesellschaft bereitstellt, desto mehr Leidensmöglichkeiten entstehen. Das technische Prinzip der Schmerzfreiheit gibt dem kreatürlichen Leid eine neue Dimension: die *Entscheidung*, und mit ihr die Angst, sich falsch zu entscheiden. Nehme ich ein Mittel, das womöglich Nachteile mit sich bringt, oder ertrage ich den Schmerz, den ich womöglich gar nicht ertragen müsste?

Je potenter und leichter zu beschaffen die besten, neben der Schmerzstillung oft auch stimmungshebenden Analgetika wie Opiate oder Kokain werden, desto häufiger verwandelt sich der Segen eines von Schmerz und Trauer befreiten Zustandes in den Fluch der Abhängigkeit von einem Stoff, der längst nicht mehr glücklich macht, sondern nur noch die heftigen Schmerzen des Entzugs lindert. In der Summe ist das Leben eines Kokain- oder Opiatsüchtigen sehr viel reicher an Schmerzen als das eines Menschen, der nicht einmal weiß, dass es Betäubungsmittel gibt.

Zunehmend versuchen wir, nicht nur körperlichen Schmerz, sondern auch seelischen Schmerz präventiv von uns fernzuhalten. Das mag durchaus sinnvoll klingen, bedarf aber einer so starken Kontrolle sozialer Interaktion, dass diese zugleich unweigerlich auch jene Glücksmomente unterbindet, die nur entstehen können, wenn wir uns ohne ständige Angst vor Regelverstößen empathisch begegnen.

Diese Situation gilt insbesondere für intime Beziehungen wie die der Liebe. Politische Korrektheit auf dieser Ebene versperrt den Weg in eine geistige Welt, in der Liebe schmerzlich ist und eine tragische Seite hat – wodurch aber nicht de facto die tragische Seite der Liebe getilgt wird, wir sind nur schlechter auf sie vorbereitet. Ist das einer von den Fortschritten, die vorgeben, uns glücklicher und sicherer leben zu lassen, die behaupten, uns vor Ängsten zu schützen, aber in der Bilanz die Qualität des Lebens verschlechtern?

Es ist mühsam und am Ende oft nicht möglich, sexuelle Beziehungen durch Kontrolle in erwünschte Bahnen zu lenken. Der menschlichen Realität entsprechender scheint es mir zu sein, sich erst einmal in sie fallen zu lassen und aus dem so entstehenden Erlebnismaterial einen Kontakt zu formen, der die Beteiligten erfreut und ihr Selbstvertrauen stärkt. Die politische Korrektheit in der Liebe setzt ein spontanes Geschehen unter Kontrolle, wie der perfektionistische Gärtner die Vegetation einem Pestizid aussetzt, das nicht nur Blattläuse, sondern auch Bienen und Schmetterlinge eliminiert. Nicht Kontrolle schützt vor Kränkung und Gewalt in der Liebe – sondern Liebe.

Wenn die Liebe chaotisch sein darf und wir darauf vertrauen, dass sie sich von selbst regeln wird, bildet sich auch eine Grundlage, um Zerwürfnisse, Verletzungen und Gewalt in der Beziehung zu verarbeiten. Der Versuch, durch Normierungen die Liebe von Anfang an korrekt abzuwickeln, kann Katastrophen dieser Art nicht verhindern. Er wird aber die Fähigkeiten schwächen, über sie hinweg zu kommen. In einer kontrollierten Welt ist eine negative Erfahrung nur negativ: Die Kontrolle hätte besser funktionieren müssen, um sie zu verhindern. In einer emotionalen Welt ist sie traurig, vielleicht bejammernswert, Wut auslösend, aber sie weckt auch Impulse, das nicht so stehen zu lassen, etwas zu tun.

Auch die rechtliche Regulierung solcher Katastrophen ist zugleich wünschenswert und paradox. Wir können nicht zurück in eine Vergangenheit, in der Gewalt nicht vom Staat monopolisiert war, aber wir sollten auch die emotionale Ebene nicht leugnen, auf der sich dadurch heute neue Ungerechtigkeiten für die Leidtragenden ergeben. Wer einen Diebstahl anzeigt, kann womöglich das gestohlene Gut zurückbekommen; wer aber ein Sexualdelikt anzeigt, muss sich mit Verhören plagen, die das eigene Schamgefühl verletzen, und sich im Prozess Zumutungen aussetzen. Nicht wenige Vergewaltigte berichten, die Szenen vor Gericht seien für sie mit noch schmerzhafteren Erinnerungen verbunden als das Verbrechen an sich. Wir sollten die immanente Tragik des zivilisatorischen Fortschritts nicht leugnen, dass Menschen durch Gesetze vor Gewalt geschützt sind, zugleich aber seelische Wunden schlechter heilen, weil sie vor Gericht gezeigt werden müssen.

Es wird schwieriger, jene Ängste zu verarbeiten, die wir durch unser Streben nach einer perfekten Welt geschaffen haben. Die Freiräume, in denen sich Gefühle und Empathie entfalten können, werden kleiner. Die mediale Konkurrenz um Aufmerksamkeit legt jeden Fehler einer öffentlichen und deshalb idealisierten Person unter die Lupe und empört sich. Aktuell steigert sich die Angst in der Kultur zu einer *großen Gereiztheit*.[7] Moralische Erregungen ohne Berücksichtigung von Kontext und Geschichte entfernen uns immer weiter von Ruhe, Toleranz, Gelassenheit angesichts kultureller Vielfalt, von einem freundlichen Umgang mit Fehlern.

Wenn wir die Möglichkeiten, uns zu orientieren, in ein simples Koordinatensystem fassen, können wir Lust/Unlust und richtig/falsch unterscheiden. Im Erleben ist primär Lust richtig und Unlust falsch. In der Steinzeit hat das für Mensch und Tier gegolten, aber mit steigendem Grad an Komplexität lösen sich diese klaren Verbindungen für die Menschen auf. Es ist richtig, regelmäßig zum Zahnarzt zu gehen, aber keineswegs lustvoll. Es ist lustvoll, Sex zu haben, aber ist es auch richtig, jetzt einen entsprechenden Wunsch zu äußern? Passt er? Blamiere ich mich?

Während die Gesetze der Zivilgesellschaft das Notwendige regeln (und oft überregeln), sollte man meinen, dass die Menschen sich in ihrer Freizeit ihrem Erleben öffnen und sich auf die bewährte Lust-Unlust-Regel verlassen. Aber das ist nicht der Fall; auch wo es kein Gesetz und keine Pflichterfüllung gibt, greifen starke Normierungen – wie wir uns kleiden, was wir essen, wie wir lieben, was wir kaufen, wohin wir reisen und wie wir miteinander kommunizieren.

## Immer neue Windmühlen

Als Don Quijote die 30 oder 40 Windmühlen entdeckte, sagte er zu seinem Knappen Sancho: ›Das Abenteuer lenkt unsere Schritte besser, als wir uns wünschen könnten, denn sieh' nur da, mein Freund Sancho Panza, dort warten 30 oder mehr ungeheure Riesen, die ich zur Schlacht herauszufordern gedenke.‹[8]

Die Windmühlen wecken den Kampfgeist des verarmten Adeligen Don Quijote, der in die epische Zeit des Rittertums zurückkehren möchte. Er sieht Riesen in ihnen, aus Heldensagen wohlbekannt. Im Sieg über sie wird er zurückfinden in eine einfachere Welt, in der Männer mit Pferd und Lanze ihr Glück fanden. Wer sich kritisch mit dem Fortschritt beschäftigt, sieht sich dem Verdacht ausgesetzt, er sei ein Gesinnungsgenosse des hageren Ritters, gar einer, der es noch toller treibt als dieser und die ganze Metallzeit infrage stellt.

Je komplizierter die Welt, desto mehr möchten wir es einfach haben. Da ein komfortables, von Spannung befreites Leben zur Selbstverständlichkeit geworden ist, wird die in der Angstbewältigung wesentliche Unterscheidung zwischen heilsamer Übung und unerträglichem Schmerz erschwert. Die Metapher von Don Quijote ist zweischneidig: Der Gedanke, man könnte durch ein Gefuchtel mit Regelwerken Kränkungen und traumatische Erschütterungen des Selbstgefühls eliminieren, erinnert nicht weniger an Don Quijote als der Verdacht, ihm in der Kritik am Fortschritt zu gleichen.

An der Columbia University in New York setzten sich Anfang 2015 Studierende dafür ein, dass Ovids Metamorphosen nur unter dem Schutz einer Triggerwarnung in den Lehrstoff aufgenommen wurden. In der Tat will Apoll Daphne vergewaltigen und hält am Ende einen Lorbeerzweig in seinen Händen. Aber können Menschen seelisch verletzt werden, weil sie diesen zweitausend Jahre alten Text lesen? Da lohnt es sich, genauer hinzuschauen.

Es gehört zur Posttraumatischen Belastungsstörung (PTSD), einem Krankheitsbild nach heftigsten Traumatisierungen, dass durch einen Auslöser (Trigger) eine Angstattacke provoziert wird. Der Vietnam-Veteran wirft sich zu Boden, kalter Schweiß bricht ihm aus den Poren, weil in der friedlichen Stadt, in der er nun lebt, ein Motorrad eine Fehlzündung hat.

Erzählungen, historischen Texten oder Forschungsberichten fehlt diese Trigger-Qualität. Der Fehlzündungs-Knall ist erst einmal nicht vom Schuss zu unterscheiden, der vor Monaten oder

Jahren einen bisher intakten Erlebenskontext zerrissen hat. Eine Erzählung oder eine Vorlesung ist aber von Anfang an und ganz eindeutig etwas anderes als das traumatische Ereignis, das sie in Worte fasst.

Während die Reaktion des traumatisierten Soldaten abläuft wie ein Reflex, erfordert die Aufmerksamkeit in einer Vorlesung genau die Aktivität der vernünftigen Anteile der Persönlichkeit, welche auch helfen, den Unterschied zwischen evozierter Erinnerung und aktueller Situation zu bestimmen. Die Triggerwarnung vor Ovid hat mit Gefahren für Traumatisierte nichts zu tun. Sie gehorcht vielmehr dem Wunsch, eine völlig zumutungsfreie Welt zu schaffen.

Ein Therapeut begegnet oft Personen, die sich in ihrer Suche nach einer befriedigenden Beziehung und einem sicheren Einkommen gescheitert fühlen. In der Untersuchung ihrer Geschichte entdeckt er Angebote, die sie zurückgewiesen haben, weil sie ihnen nicht gut genug schienen. Wenn ein Berufsanfänger Stellenangebote zurückweist, weil sie ihm nicht interessant genug erscheinen, kann er nach einigen Jahren in eine schwierige Situation geraten. Er hat sich mit Jobs über Wasser gehalten hat und »musste« die folgenden Angebote auch abweisen, waren sie doch *schlechter* als das erste. Inzwischen kämpft er nicht mehr für sich und seine Erwartungen an das Leben, sondern gegen die Realität der Arbeitswelt, die eben oft nicht gut ist, aber doch das Beste, was er haben könnte.

Auf einen ähnlichen Weg begibt sich eine traumatisierte Person, wenn sie eine auf sie zugeschnittene Wirklichkeit beansprucht. Wer sie darin unterstützt, sich zurückzuziehen, falls die Realität sich diesem Anspruch nicht fügt, tut ihr keinen Gefallen. Im Gegenteil: Er nimmt ihr Möglichkeiten, Ängste im Kontakt mit der Wirklichkeit zu differenzieren. Die so geschonte Person gibt der Angst immer mehr Raum und übt nicht, ihr standzuhalten; auf diesem Weg wird ihr die befreiende Möglichkeit genommen, so zu handeln, als ob sie in der gleichen Realität lebt wie alle anderen auch.

Dieses »als ob« hat seine Wurzel in der Philosophie und ist in Psychotherapie und Psychoedukation unentbehrlich:[9] Ich verhalte mich so, *als ob* ich ebenso wie meine Umwelt »normal« wäre, auch wenn es nicht wirklich so ist. Das ist altes Wissen. Der Luther zugeschriebene Spruch, »wenn morgen die Welt unterginge, würde ich heute ein Apfelbäumchen pflanzen« spielt ebenso darauf an wie der erste Vers in dem Lied der Mignon: »Lasst mich scheinen, bis ich werde.«[10]

Wer sich auf das Modell von Triggerwarnungen einlässt, läuft Gefahr, für Spinnenphobiker eine Welt schaffen zu wollen, in der es keine Spinnen und nicht einmal mehr Bilder von ihnen gibt. Er schätzt Zu-Mutungen gering, obwohl diese dazu beitragen, Menschen Mut zu machen und sich nicht durch Forderungen nach maximaler Schonung zu isolieren.

In allen Reflexionen über den Umgang mit traumatischen Erfahrungen ist die Verführung zum Denken in Schwarz und Weiß extrem groß – und extrem destruktiv, wenn ihr nicht differenzierend widerstanden wird. Es ist weder immer richtig noch immer falsch, Menschen zu schonen. Wer sie übermäßig schont, raubt ihnen Entwicklungsmöglichkeiten, wer sie unter Druck setzt, ebenso. Den entwicklungsfördernden Weg finden wir in einem Prozess, der Fehler nicht sanktioniert und Empathie unterstützt.

Wo sich Menschen begegnen, die einander fremd sind, die sich durch Traditionen, Hautfarbe und traumatische Erfahrungen unterscheiden und keinen einfachen Zugang zueinander finden, werden durch Antidiskriminierungsgesetze nur die ärgsten Fehler vermieden. Wie aber eine Entwicklung einleiten, die Vertrauen ermöglicht und Kooperation fördert?

Wer sich auf Begegnungen einlässt und Brücken schlagen will, wird Fehler machen. Es wäre schöner, wenn die Differenz nicht existieren würde, aber da sie nun einmal da ist, müssen beide Seiten Scham über eine gut gemeinte und doch falsche Geste, Schuld über kränkende, aber unvermeidliche Konflikte verarbeiten. Je weniger hier Rechthaberei die Macht ergreift und Worte wie Leitkultur oder

Rassismus fallen, desto eher kann sich Humor entfalten und ein Lernprozess beginnen, der das Positive an dieser Begegnung erhält, ohne ihre Gefahren zu leugnen.

## Mit dem Radiergummi durch die Geschichte

»›Das habe ich getan‹, sagt mein Gedächtnis. ›Das kann ich nicht getan haben‹, sagt mein Stolz und bleibt unerbittlich. Endlich – gibt das Gedächtnis nach.«[11]

Die Menschheitsgeschichte fordert ebenso wie unsere persönliche Biografie, sich mit Teilen der Wirklichkeit auseinanderzusetzen, die das Selbstgefühl kränken. Daher sind bis in die ältesten Aufzeichnungen Versuche nachweisbar, Ereignisse zu tilgen. In der ägyptischen Kultur sollten die Pharaonin Hatschepsut und der Pharao Echnaton aus dem Gedächtnis der Nachwelt getilgt werden. Kartuschen mir ihrem Namen wurden systematisch zerstört.

Solche Aktionen belegen die Neigung, eine Welt zu schaffen, die den eigenen Bedürfnissen freundlicher ist als die Realität. Bemerkenswert bleibt, wie oft die Auslöschung der Erinnerung misslingt. Wir wissen von vielen Versuchen, die gescheitert sind. Im antiken Rom etwa wurden die Namen missliebiger Kaiser vom Senat verflucht und ihr Andenken getilgt, ihre Namen aus den Annalen radiert, aus Inschriften herausgemeißelt. Dieses Schicksal traf die Kaiser Caligula, Nero, Domitian, Commodus und Geta. Kunsthistoriker erkennen an römischen Büsten mit kleinen Köpfen und großen Ohren umgearbeitete Darstellungen von Cäsaren, die der *damnatio memoriae* (Verdammung des Gedenkens) zum Opfer fielen. Manche Vorgänger lassen sich noch bestimmen; wo beispielsweise am Nackenansatz noch Spuren von Locken sind, handelt es sich um eine Figur Neros, der sich als Künstler gab und lange Haare trug.

Ob ein römischer Kaiser nach seinem Tod vom Senat zum Gott erhoben oder verflucht und zu ewigem Vergessen verurteilt wurde, entschied sein Nachfolger; der Senat als religiöse Autorität vollzog dann das Urteil. Manchmal wurde ein Kaiser verdammt und dann wieder in die Geschichte zurückgeholt, sogar nachträglich divinisiert, wie Commodus unter Septimius Severus, der sowohl die Restitution als auch die Apotheose des bisher entwerteten Herrschers durchsetzte.

Jede missionierende Religion praktiziert die *damnatio memoriae*, was die entwerteten Kulte und Götter angeht. Manche dieser Urteile schlagen sich in Volksbräuchen nieder; so wird der verbreitete Ekel vor Pferdefleisch damit erklärt, dass der rituelle Verzehr geopferter Pferde bei den Germanen üblich war und von den christlichen Missionaren dämonisiert wurde.

In Afrika wurden von christlichen und muslimischen Missionaren unzählige Figuren und Masken verbrannt, um den animistischen Kult aus dem Gedächtnis zu tilgen; in der Moderne ist vor allem die Historie totalitärer Regime durch Fälschungen geprägt.

Die Realität ist oft nicht gut, aber sie ist doch ein Wert, den wir gegen Wunschdenken und Ideologie verteidigen sollten. Warum ein gut erhaltenes Gebäude sprengen, weil einmal Menschen drin gearbeitet haben, die sich als Verbrecher erwiesen? Der amerikanische Kanonier, der 1945 das Kaiserdenkmal am deutschen Eck in Koblenz mit einer gezielten Granate demolierte, hat gegen die Genfer Vereinbarungen verstoßen und gehört vor Gericht gestellt, aber das Denkmal wieder aufzubauen scheint mir nicht weniger problematisch. Dass da der Kaiser stand, und dass ihn jemand vom Sockel schoss, ist beides lehrreich.

Wir leben in einer Welt, in der es materielle Kausalitäten so gut gibt wie spirituelle. Unsere Psyche ist nun einmal so beschaffen, dass es uns nicht leichtfällt, den Satz »Wenn ich ein brennendes Streichholz in Benzin werfe, gibt es eine heftige Flamme« in seinem Wahrheitsgehalt von dem Satz »Wenn ich nicht tue, was Vater sagt, brenne ich in der Hölle« zu unterscheiden. In einer langen und verwundbaren Kindheit wird es für uns selbstverständlich, den Objekten zu *glauben*, von denen unser Überleben abhängt. Heute kann sich ein vernachlässigtes Baby womöglich darauf verlassen, dass das Jugendamt es vor Eltern schützt, die es misshandeln. Aber auch im 21. Jahrhundert *weiß* das Baby nicht, dass es ein Jugendamt gibt, fühlt sich also genauso ausgeliefert wie das Steinzeitbaby, das ohne seine Mutter nicht überlebte.

Je mehr Angst ein Wort, ein Bild, ein Gedanke auslösen, desto schwieriger wird es, zwischen der geglaubten und der realen Gefahr zu unterscheiden. Wir können Menschen, die aus einem Bürgerkrieg geflohen sind, eigentlich unschwer als Schutzbedürftige erkennen. Aber es ist auch möglich, den Glauben zu verbreiten, sie seien bewaffnet und kämen, um sich unserer Welt zu bemächtigen.

Diffuse Angst wird besser ertragen, wenn sie ein Objekt hat, vor dem ich mich schützen kann (wie Spinnen oder U-Bahnfahrten); ist diese Angst aggressiv getönt, weil beispielsweise eine Machtelite ihr Volk im Stich gelassen hat oder Prominente ein viel besseres Leben haben, verdoppelt sich die Erleichterung, wenn dem phobisch besetzten Eindringling auch noch die Rolle des Volksfeindes zugeschrieben werden kann. Dies gelingt umso intensiver, je weniger ein Kontakt zu realen Personen die geschaffene Fantasie über aggressive Eindringlinge entkräften kann. Offener, empathischer Kontakt ist gegen diese Fantasiebilder essenziell.

## Ängste mit Ängsten bekämpfen

Die Folge der wachsenden Orientierung am Richtigen und der schwindenden Orientierung an der Lust sind Depressionen. Auch depressiv Erkrankte sind mit einer funktionierenden Lust-Unlust-Regulierung auf die Welt gekommen. Aber sie haben gelernt, dass die einzig »richtige« Lust die Lust am Richtigen ist. Sie haben aufgehört, sich selbst – genauer: ihrem Organismus – zuzuhören, und sich mehr an dem orientiert, was andere sagen. Sie haben die Frage verloren, worauf sie wirklich Lust haben. Sie sind beliebt und sorgfältig, bis sie eines Tages dasitzen und bemerken, dass sie soeben zwei Stunden den Kaffee in der Tasse haben kalt werden lassen und an gar nichts gedacht, gar nichts gefühlt haben.

Unglücklicherweise bekämpft die Konsumgesellschaft gegenwärtig die von ihr angerichteten Schäden nicht durch Einsicht, sondern durch Intensivierung eben der Mechanismen, die dieses Elend auslösen. Emotionskontrolle durch Regelwerke gleicht aber der Behandlung von Kopfschmerzen mit Medikamenten, deren Nebenwirkung … Kopfschmerzen sind.

Jede kalte Regulierung bannt eine nur *gelegentlich* auftretende Gefahr durch einen Mechanismus, der *dauerhaft* mit Ängsten besetzt sein muss, um zu funktionieren. Das Streben nach Sicherheit vor dem seltenen Fehler zwingt zu dauernder Kontrolle eines Problems, das eben deshalb von nun an stets erwartet und mitgedacht werden muss. Die Überlastung durch Angstaffekte führt zu einer Gereiztheit, die ein maschinenmäßiges Funktionieren bewacht. Es gibt keine harmlosen Fehler mehr. In einem solchen System ist jede Störung von Erwartungen katastrophal.

Mein Vorschlag wäre, sich eher im Ertragen von Fehlern zu üben, als Regelwerke zu perfektionieren, denn Letztere bringen die Gefahr mit sich, dass die Sucht wächst, Recht zu haben und zu behalten.

Mangelnde Widerstandskraft gegen die Übermacht des kalten Denkens in Regulierungen, die Regelunschärfe (»Gnade«) keinen Raum gewähren und den Einfluss von Empathie zurückdrängen, steigert die Macht der Angst vor Nähe in Beziehungen und im Kontakt der Generationen. Sie führt zu ganz neuen Formen des Unbehagens.

Die hohe Gereiztheit und die schnell geweckte Bereitschaft zu Entwertung oder Hass hängen damit zusammen, dass eine von Fortschritt und Wachstum geprägte Gesellschaft sich psychisch durch eine manische Abwehr stabilisiert, in der Zweifel und Grenzen verdrängt oder geleugnet werden. In der Manie wird die Möglichkeit des Scheiterns ebenso ausgeschlossen wie in der unvermeidlich ihr folgenden Depression die Möglichkeit des Gelingens.

Es gibt im Leben zwar ein klares Ende, aber kein Gegenteil des Todes, das ähnlich absolut wäre, kein von allen Schattenseiten, quasi Todeskeimen, befreites Leben. Wer nach absoluter Sicherheit strebt, nach dem idealen Staat, nach der Reinheit einer von seinen Ansprüchen beherrschten Gesellschaft, wird sich am Ende der Depression nicht mehr entziehen können.

Gelegentlich wird von Personen berichtet, die durch eine ausgefeilte Mischung von Diät, Pharmakologie und Training den Tod besiegen wollen. Die Bemühungen um perfekte Gesundheit enden im Paradox, wenn im Gesundheitsapostolat gepredigt wird, neben Vorsorgeuntersuchungen aller Organsysteme und ständiger Überwachung von Stoffwechsel wie Vitalfunktionen seien ausgeglichene, positive Stimmung und Lebensfreude ganz besonders wichtig. Der entspannt im Hier und Jetzt sein Leben genießende Hypochonder ist der erste Bürger dieser Welt.

Der moderne Gedanke, die Natur zu kontrollieren, bringt die Gefahr mit sich, dass sie in dem Augenblick, in dem sie sich der Kontrolle entzieht, nicht mehr als offen, dynamisch und unberechnet erlebt wird, sondern als böse. Gegen diese Gefahr wird noch mehr Kontrolle eingeführt: In dem Streben nach Sicherheit vor dem »Bösen« wird dessen Macht vermehrt.

Menschen haben schon sehr lange schreckliche Dinge erfunden und in das Erleben wehrloser Kinder gepflanzt, etwa das Bild einer Seele, die nach dem Tod eine Ewigkeit im Höllenfeuer gequält wird, weil das Kind sich selbst befriedigt und das nicht rechtzeitig gebeichtet hat. In der religiösen Tradition von Paradies und Inferno wird die Macht der Angst deutlich, die nach totaler Sicherheit verlangt und Mischungen nicht erträgt, wie sie doch dem Leben eigen sind.

Realistisch gesehen müsste jeder von uns ein wenig in die Hölle, ein wenig in den Himmel kommen. Solange wir leben, sind wir auch schmutzig, trüb, gemischt. Das Streben nach absoluter Reinheit führt in die Nähe des Todes.

Obwohl das menschliche Denken eine Tochter des Lebens ist und ohne die lange Entwicklungsgeschichte vom Einzeller bis zum Primaten nicht entstanden wäre, greift dieses Denken nach dem

Tod. Es kann sich einen Lebenstrieb ebenso konstruieren wie einen Todestrieb. Menschen sterben nicht das erste Mal, wenn Fehlfunktionen die Lebensfunktionen überwältigen. Sie sind schon vorher in ihren Fantasien gestorben, oft ausgelöst durch das Erleben des Todes einer nahestehenden Person. Den Beginn unseres Lebens können wir nicht denken, wohl aber dessen Ende. Das führt zu der wohl ausschließlich menschlichen Fähigkeit, Selbstmord zu planen.

Im Denken hat das menschliche Leben etwas gefunden, was ihm seine Sonderstellung aufzwingt: Es gewinnt ein Konzept des Todes und damit auch eine spezifische Angst. Es gibt keine Möglichkeit, eine Phrase wie *Viva la Muerte* (Es lebe der Tod)[12] in die Tat umzusetzen, dennoch ist sie nicht nur eine Denkmöglichkeit, sondern war zwischen 1920 und 1940 politisches Programm.

Es gibt in der jüngeren Geschichte spektakuläre Triumphe des Todes, ihre Chiffren sind Auschwitz und Hiroshima.

Triumphe des Lebens gibt es nicht.

*Kapitel 3*

# Ein abgerissener Arm und ein Unfall auf der Gorch Fock

Als ich zu Beginn der letzten Badesaison zu einem kleinen See am rechten Isarufer komme, fallen mir zwei helle Flecken neben der riesigen Weide gegenüber auf. Dort ist es heute still; die letzten Jahre versammelte sich an heißen Tagen immer eine Traube junger Leute. Jemand hatte dort an einem über die Wasserfläche reichenden Ast ein Seil befestigt; Tarzans Erben nutzten die künstliche Liane, um sich hoch über die Wasserfläche zu schwingen und im richtigen Moment loszulassen, sodass sie noch etwas weiter draußen hineinplumpsten. Es wurde viel geschrien – ich glaubte, das Testosteron im Stimmbruch der Akteure zu hören. Ängstliche pendelten wieder zurück, gaben auf oder machten es beim zweiten Start besser. Wo waren sie alle diesmal?

Ich schwamm hinüber, kletterte auf das steile Ufer und studierte die beiden Flecken. Es waren Schriftstücke, in Plastik eingeschweißt und an ein Lattengestell getackert. Auf dem einen stand (ich zitiere nach meinem Gedächtnis): »Dieses Ufer ist ein Naturschutzgebiet. Baden und Lagern sind untersagt. Bitte befestigen Sie kein Seil an einem Ast, es wird auf jeden Fall wieder entfernt. Wie Sie dem zweiten Anschlag entnehmen, kann es zu schweren Unfällen kommen.«

Das zweite Plakat war ein Faksimile aus einer Zeitung. Die Überschrift: »Tragischer Badeunfall. 14-Jähriger reißt sich den Arm ab«. Der Text berichtete von einem ähnlichen Uferbaum an einem anderen Badesee; der Junge war ins Wasser gesprungen, verfing sich aber im Seil und stürzte mit solcher Wucht, dass sein Gewicht den Arm abriss. Der Arm wurde geborgen; im Krankenhaus arbeiteten die Unfallchirurgen stundenlang, um ihn wieder mit dem Körper zu verbinden; der Bericht ließ offen, ob das gelingen würde.

Wer es nicht so genau wissen will, preist die Fortschritte der Mikrochirurgie und stellt sich vor, dass der Arm nach ein paar Jahren wieder funktioniert wie zuvor. Wer pessimistischer ist, fragt sich, ob die Zirkulation wieder ausreichend in Gang kommt und wie schwierig es für die Ärzte sein wird, einerseits das Blut zu verdünnen, damit die Adern nicht verstopfen, andrerseits dafür zu sorgen, dass es nicht nachblutet. Mag sein, dass der Arm gerettet ist – mag sein, dass er am Ende doch amputiert werden muss, weil der Schaden zu groß ist und die Finger absterben; »Wundbrand« hieß das in früheren Zeiten.

Dieser abgerissene Arm! Für sein Überleben zählt jede Minute. Der Zellverfall wird durch Kälte aufgehalten, am schnellsten hätte ein Fischhändler das Richtige tun können, denn seine verderbliche Ware liegt auf Eis. Haben Rettungssanitäter Eis dabei? Es kommt darauf an. Die rapide Zunahme des »Es kommt darauf an« ist das Dilemma der Moderne schlechthin. In jedem »Es kommt darauf an« wurzelt eine Angst.

Das Eis schmilzt vor sich hin und kostet Geld, ohne je gebraucht zu werden. Die Controlling-Abteilung spricht eine Rüge aus. Irgendwann würde es gebraucht und ist nicht da! Wieder eine Rüge. Rüste dich für jede Eventualität, denn nicht gerüstet zu sein, ist ein Fehler. Aber sei nicht überängstlich, nicht perfektionistisch, du kannst dich nicht auf alles vorbereiten. Diesmal hättest du aber besser vorbereitet sein müssen! Fehler zu machen, ängstigt, es gefährdet das Selbstgefühl. Aber der Kardinalfehler ist, zu viel Angst vor Fehlern zu haben.

Vor hundert Jahren hätte der Unfallchirurg den Stumpf versorgt und über Armprothesen informiert. Die wurden damals, im ersten Weltkrieg, in Massen entworfen und produziert. Seelisch ist ein solcher Stumpf erst einmal einfacher zu verarbeiten als ein Stück halbtotes Fleisch an der Schulter, das wieder anwachsen kann oder auch nicht. Aber dieses »einfacher« *gilt nur für die Zeit vor der Mikrochirurgie*, vor den Berichten, was alles an Transplantationen möglich ist.

Heute werden die Chirurgen auch bei minimalen Aussichten auf einen Erfolg größte Mühe daransetzen, den verlorenen Arm wieder anzuflicken. Und es kann sein, dass damit eine Leidensgeschichte beginnt, weil ein Glied, das nicht funktioniert und schmerzt, doch mein Arm ist, den ich nicht missen, nicht hergeben mag.

Seit es Berichte über chirurgische Abteilungen gibt, die verlorene Gliedmaßen wieder mit dem Körper verbinden können, ist ein Verlust nicht mehr nur schicksalshaft. Er kann auch ein Versagen sein. Wer um die Heilung des einst Unheilbaren weiß, erwartet für diese Heilung eine ebenso große Sicherheit, wie sie früher die Unheilbarkeit umgab. So wird das Drama zum Roman. Während das einst unrettbar verlorene Glied durch eine Prothese ersetzt oder entbehrt werden kann, mag das gegenwärtig vielleicht rettbare in der Tat gerettet werden. Wenn das aber nur unvollkommen gelingt, wird das eine Leidensgeschichte ohne absehbares Ende.

Das gilt vielleicht noch mehr, wenn die Suche nach einem Schuldigen den Heilungsprozess irritiert. Wenn ich gegen irgend jemandem, der in seiner Pflicht versagt hat, mein Recht auf Schadensersatz geltend machen möchte, ist der Heilungsprozess bis zum Ende der juristischen Auseinandersetzung gestört. Im Unbewussten, das einen Zugriff auf die Wundheilung hat, ist meine Sache umso gerechter, je mehr ich leide; den Schaden zu vergessen und sich unbekümmert der Zukunft zuzuwenden, wird unter diesen Umständen zu einer schwer erfüllbaren Aufgabe.

An anderer Stelle habe ich die Macht des kalten Denkens in den helfenden Berufen bereits beschrieben.[13] Es wird Sicherheit vor falscher Behandlung versprochen. In der Folge setzen sich alle Beteiligten unter Druck. Es geht nicht mehr darum, möglichst schnell und unbefangen alles für einen leidenden Menschen zu tun, sondern zuallererst um die ängstliche Frage: Wie schütze ich mich vor dem Schadensersatzanspruch eines unzufriedenen Klienten?

Die vor allem in den USA auffällige Kultur der Schadensstrafe *(punitive damage)* führt dazu, dass faktisch immer mehr Menschen für Schmerz und Angst bezahlt werden. Es ist schwer vorstellbar, dass ich mich während eines laufenden Prozesses gegen meinen Arzt entspannt und frei von Symptomen fühlen kann. Es ist eine elementare psychische Tatsache, dass ein vergessener Schmerz nicht weh tut, während der Schmerz, an den ich mich erinnern soll, nicht vergessen werden kann.

Wo mehr auf die Abwendung drohenden Unheils gehofft werden kann, wächst auch die Angst, sich in der Hoffnung zu verirren. Je mehr Hoffnungen es gibt, desto mehr gleicht die Psyche einem Eroberer, den Siege verlocken, auf breiter Front immer tiefer in Feindesland einzudringen, bis er, vom Nachschub abgeschnitten, nicht mehr standhalten kann.

Als vor einigen Jahren ein tödlicher Unfall auf der Gorch Fock die Medien beschäftigte, sagte der Kapitän (sinngemäß) über die Kadettin, die den Halt verloren hatte: Er sei als Kind auf Bäume geklettert, die heutige Jugend sitze vor Bildschirmen.

Er wurde dafür kritisiert, der Kommentar ist auch ein wenig herzlos. Ich musste an meinem Badesee an diesen Pädagogen in Uniform denken, weil die zuständige Behörde ihren Entschluss plakatiert hatte, Seile an Bäumen im Naturschutzgebiet abzuschneiden. So ging der örtlichen Jugend eine Möglichkeit verloren, jene Fähigkeiten zu üben, die ihr auf dem Segelschulschiff das Überleben in der Takelage erleichtern könnten.

Hier begegnen wir einem neuen Dilemma: Die Angst vor dem Unfall blockiert die Übung eben jener Fähigkeiten, die vor dem Unfall schützen. Vielleicht wäre die Kadettin lieber auf Bäume geklettert als vor dem Bildschirm zu sitzen, aber ihre Helikoptereltern hatten es ihr verboten?

Menschen sind in ein System geraten, das sich an der Steigerung ihrer Leistungsfähigkeit orientiert. Die Entwicklung der Konsumgesellschaft hat Freuds Beschreibung des Unbehagens aufgegriffen und Abhilfe geschaffen. Das Stadtpferd darbt nicht mehr, es wird zur Höchstleistung gefüttert und gedopt. Und obwohl ihm das kaum weniger schadet als der Hunger, hat es darüber den Wunsch verloren, wieder Wildpferd zu sein und frei zu weiden.

Die Konsumgesellschaft versorgt mit vielem, was an Neugier, Bequemlichkeit und Schönheitssinn appelliert. Sie hat die menschlichen Bedürfnisse aufgebläht und verweigert sich trotzig der Einsicht in die Grenzen, welche die nötige Erholung der Ressourcen des Planeten setzt. Satt und warm leben wir längst, aber wer noch nie in Amerika war und kein Auto hat, ist eigentlich kein richtiger Mensch.

Als während der Coronakrise die Mobilitätsschranken viele Menschen in den Zustand zurückversetzten, der vor zweihundert Jahren völlig selbstverständlich war (man verließ die Heimat nur ausnahmsweise), wurde zwar das Wasser in Venedigs Kanälen wieder klar und die Luft sauber, aber die Einschränkungen weckten heftigste Sehnsüchte nach einer Rückkehr der »Normalität«.

Zwar ist klar, dass das gegenwärtige Konsumlevel nicht zu halten ist. Aber wir scheuen uns vor jedem Schritt zu einer neuen Bescheidenheit, empfinden sie nicht als Chance zu einer neuen Kreativität, sondern als Raub an unseren vertrauten Bequemlichkeiten. Flugzeuge und Kreuzfahrtschiffe sind eine Plage – aber auf sie verzichten? Wir haben den Gedanken, dass wir die Welt bequemer machen können, irgendwann umgesetzt und werden ihn jetzt nicht mehr los. Und er zeigt eine fatale Verwandtschaft mit den Mythen darüber, wie der Mensch das Paradies verloren hat.

*Kapitel 4*

# Glück und Geschlecht

»Normalerweise« richtet sich erotisches Begehren auf das zur Fortpflanzung vorgesehene Geschlecht, aber verlässlich ist das nicht: Oft wird körperliche Nähe auch oder ausschließlich zum gleichen Geschlecht ersehnt, oft passen Fortpflanzung und Begehren gar nicht zusammen.

In Sammlerkulturen, die unsere biologische Struktur geprägt haben, wird Homosexualität ebenso wenig bekämpft wie die Entscheidung eines Mannes, als Frau, oder einer Frau, als Mann zu leben. In Kulturen, die über Besitz und Tradition wachen, die großen Wert auf legitime Erben legen, wird Sexualität jedoch reglementiert. Vielfach ist Homoerotik verboten; der Wunsch, anders zu leben, als es das physische Geschlecht und das Gebot der Fortpflanzung nahelegen, gilt als Sünde und wird bestraft.

Dieser Wunsch, nicht gemäß des angeborenen physischen Geschlechts zu leben, wird unter dem Begriff »Transidentität« gefasst und ist ein Zustand, der heute in den fortgeschrittenen Ländern von einem Team aus Jugendpsychiatern, Endokrinologen und Chirurgen behandelt wird, obwohl es sich nach Aussage der Experten dabei ebenso wenig um eine Erkrankung handelt wie bei der Homosexualität. Bis 2017 galt Transsexualität beziehungsweise Geschlechtsdysphorie im führenden Diagnose-Manual (ICD) als Persönlichkeits- und Verhaltensstörung. Dann wurde neu klassifiziert: Es handle sich um eine »geschlechtliche Nichtübereinstimmung«. Parallel entfiel die Einordnung als psychische Störung. Aber diese Veränderung hatte keine Auswirkungen auf eine medizinische Behandlung, die – meist nach einem fachärztlichen Gutachten und Bedenkzeit – mit Hormonen und Operationen arbeitet.

Die operative Geschlechtsumwandlung soll niemandem verweigert werden. Ich vermute aber, dass vielen Fachleuten nicht wohl bei dieser Sache ist. Das äußert sich auch darin, dass sie Zeit gewinnen, das heißt erst einmal die Volljährigkeit abwarten wollen, ehe sie eine Operation wie die Amputation der Brüste beziehungsweise des Penis befürworten. Diese Wartezeit erklären radikale Befürworter für falsch. Das Gefühl, im »falschen Körper« leben zu müssen, sei schon viel früher klar; man dürfe die sexuellen Ausprägungen der Pubertät nicht abwarten. Ich zitiere aus einem Leserbrief an die ZEIT:

> Die enorm hohe Suizidversuchsrate insbesondere minderjähriger Betroffener und desolate Lebensverläufe aufgrund des enormen Leidensdrucks verlangen nach kompetenter Diagnostik und frühestmöglicher Entlastung, die auch unter 18 Jahren pubertätsaufhaltende und im Verlauf geschlechtsangleichende körperliche Maßnahmen – mitunter auch bereits operative – beinhalten kann. Diese kategorisch für Minderjährige abzulehnen ist unverantwortlich und hat oft fatale Folgen.[14]

Der Leserbriefschreiber, ein Facharzt für Psychiatrie und Psychotherapeutische Medizin, hat sich auf die Befürwortung solcher Anträge spezialisiert. Er behauptet, dass die »Geschlechtsidentität« früh, oft schon vor dem siebten Lebensjahr, »fest« in der Persönlichkeit verankert sei und nicht in der Pubertät »konstruiert« wird. Ich kann das nicht glauben. Ich erinnere mich recht gut an meine kindlichen Gefühle und Fantasien; da war nichts fest, ich denke an Spiele, wo ich mir Kokosnussschalen unter den Pullover steckte und mich als Frau fühlte. Wenn überhaupt etwas, war ich bisexuell.

Das ist ein offen subjektives Argument. Es hat die entwicklungspsychologische Forschung auf seiner Seite: Kinder spielen mit geschlechtlichen Identitäten. In der Adoleszenz, unter dem Druck der anstehenden Entwicklungsaufgaben, wird es ernst. Die angeblichen Belege für sehr frühe »Überzeugungen«, im falschen Körper zu sein, sind spätere Konstruktionen eines »schon immer« vorhandenen Gefühls, welche die Ernsthaftigkeit des vorgetragenen Wunsches unterstreichen. Daher erscheint es unverantwortlich, Kinder gerade *nicht* darin zu unterstützen, dass sie sich im Erwachsenenalter genau überlegen, welche Konsequenzen die medizinische Geschlechtsumwandlung hat: Sie ersetzt materielle Möglichkeiten durch fiktive.

Inzwischen gibt es auch Initiativen, die sich *gegen* die übereilte Befreiung des Ichs von einem unpassenden Körper wenden und den Mangel an Forschung über die Langzeitfolgen der Hormonbehandlung und der chirurgischen Eingriffe kritisieren.[15] In einem Leserbrief ebenfalls an die ZEIT beklagt eine Sprecherin, dass die Transition oft die Anpassung an ein Gegengeschlechts-Klischee enthält und die explosionsartige Vermehrung solcher Wünsche eine unheimliche Qualität gewinnt. Vor allem, wenn man nicht nur die Blogs verfolgt, auf denen sich *Transitioner* über die Möglichkeiten austauschen, schnell und effektiv das Geschlecht zu wechseln, sondern auch die Internetforen besucht, auf denen sich *Detransitioner* zu Wort melden. Lisa Müller, Sprecherin von *Parents of ROGD Kids*, beschreibt in ihrem Leserbrief diese Foren:

> Dort stellen Hunderte ehemals trans-identifizierte Anfang-20erinnen die immer gleichen Fragen: Warum hat mich damals niemand hinterfragt? Warum hat niemand mir geholfen, zu verstehen, warum ich mich und meinen Körper so gehasst habe? Warum hat man mir nur eine Lösung angeboten: die medizinische Transition?[16]

Diese Probleme werden auch in der therapeutischen Arbeit mit Patienten deutlich, die nach der Umwandlung feststellen, dass sie nach wie vor psychische Probleme haben. Sie stellen dann in der Regel nicht direkt die Geschlechtsumwandlung in Frage. Das wäre eine zu massive Bedrohung für das Selbstgefühl. Sie projizieren ihre Enttäuschung in die Gesellschaft und in ihre Liebesbeziehungen, beschreiben und erleben sich als Opfer von Ausgrenzung. Sie leiden unter Ängsten und Depressionen, beklagen wirtschaftliches Scheitern und die unbefriedigende Qualität der Beziehungen, die sie in ihrem neuen Körper finden. Sie sind sehr anfällig für Medikamenten- und Alkoholmissbrauch und geraten in die Sackgasse einer vorwurfsvollen Beziehung zur »Erfolgsgesellschaft«.

Die seelische Belastung der Angehörigen durch eine Transformationsdienstleistung ist ebenfalls teils groß. Jedes Kind wird von seinen Eltern ja nicht nur physisch, sondern auch seelisch versorgt; es knüpfen sich Erwartungen an seine Entwicklung, die im guten Fall fördern, im ungünstigen Fall lähmen. Analytiker sprechen von »narzisstischen Projektionen« auf das Kind. Manche Therapeuten sind so naiv, dabei einen vorwurfsvollen Ton anzunehmen, und scheinen zu unterstellen, ihre eigenen Kinder würden gänzlich ergebnisoffen und ohne solche (jetzt latent bösen) Projektionen aufwachsen.

Erwartungen an ein Kind können beides sein, Vitamin und Gift: Sie regen an, geben Struktur, sie engen ein und führen irgendwann zu einem Bruch. Nicht jede Tochter, der die Eltern ein Cello schenken und den Musiklehrer bezahlen, wird zur Virtuosin. Aber auch nicht jede verkauft im Alter von 18 Jahren dieses Cello und rührt nie wieder einen Bogen an. Die meisten Kinder sind dankbar für Anregungen und scherzen später mit den Eltern, dass beide Seiten nicht alle Erwartungen erfüllt haben.

Unleugbar haben sich narzisstische Projektionen multipliziert, seit die Gesellschaft sich mehr und mehr zu einer auch und gerade im psychologischen Bereich erkennbaren »Risikogesellschaft« (Ulrich Beck) individualisiert hat. Dass ein Kind ganz anders (und natürlich erheblich besser) als die Eltern heranwachsen soll, dass es ein Kristallisationskern nicht gelebter Fantasien der Eltern von Größe und Erfolg ist, führt zu vielen Konflikten, setzt Berater und Therapeuten in Lohn und Brot; es macht einen wichtigen Teil der wachsenden psychischen Belastungen in der Moderne aus.

Das Selbstgefühl der Eltern ist heute von einer Berufsrolle geprägt, deren Realität Kindern und meist auch Jugendlichen fremd bleibt. Zudem verändert sich die Gesellschaft so schnell, dass die pubertätstypische Entwertung der zu Beginn der seelischen Entwicklung idealisierten Eltern durchaus ihren Sinn hat: Sie schafft Raum für die Suche nach einer eigenen Rolle in einer Welt, die sich sehr von der Welt unterscheidet, in der die Eltern aufgewachsen sind.

Selbst wenn die Eltern mit ihren Rollen als Mann und Frau gut klargekommen sind, bedeutet das keineswegs, dass die Heranwachsenden sich ohne heftige Krisen orientieren können.

Die Orientierungskrisen eines Kindes beeinflussen stets auch die Eltern. Das liegt daran, dass Eltern in einer individualisierten Gesellschaft nie ganz die symbiotische Nähe überwinden, die den Beginn der Beziehung zu ihren Kindern prägt. Die frühe Nähe erzeugt starke Bindungen und riskiert tiefe Entfremdungen zwischen den Familienangehörigen, zwischen Geschwistern ebenso wie zwischen Kindern und Eltern. Ein charakteristisches Gefühl ist es, im Konflikt das eigene Kind, die eigene Schwester nicht mehr zu »kennen« – dahinter steht die Illusion, sie jemals gekannt zu haben. In der nicht hinterfragten Symbiose »kenne« ich ein Gegenüber, indem ich mir einbilde, es entspreche genau meiner Vorstellung und sei mir deshalb nahe und vertraut.

Mit der Differenzierung der Lebensläufe geht ein starkes Bedürfnis nach Symbiosen einher. Sie sollen die unentbehrliche Nähe schaffen, während sich parallel dazu die Unterschiede zwischen den Individuen deutlicher ausprägen und dieser Sehnsucht entgegenarbeiten. So entstehen negative Symbiosen, deren Partner sich aus der Ferne sehnen und in der Nähe abstoßen, weil die Symbiose in der Realität des Kontakts nicht erlebt werden kann.

Der Wunsch, das eigene Geschlecht zu verändern, ist einer der heftigsten Brüche, die in einer Eltern-Kind-Beziehung vorstellbar sind. Die Eltern haben in der Regel den Körper des Kindes liebgewonnen, so wie er ist, haben mit ihm eine Zukunft verbunden – und müssen sich jetzt damit auseinandersetzen, dass ein System aus Internetforen und medizinischen Dienstleistern ihr Kind dazu ermutigt, die Grenzen des biologischen Geschlechts zu überschreiten.

Wenn sie Einwände erheben, sind sie hoffnungslos altmodisch und wollen einfach nicht begreifen, dass Geschlecht eine soziale Kategorie ist und Transmenschen ebenso viel Recht haben, respektiert zu werden, wie alle anderen. So zerreißt eine Kontinuität: Unterstützen sie die Heranwachsenden in diesem Projekt, verraten sie ihre eigenen Wünsche; verweigern sie die Unterstützung, verlieren sie den Kontakt.

## Extreme Dienstleistungen

Die Frage bleibt, ob eine schnelle, technische »Lösung« von außen wirklich dauerhaft das Selbst heilen kann. Es gibt auch junge Menschen, die sich unter dem Einfluss einer Droge mit sich selbst identischer, besser und »richtiger« fühlen. In diesen Fällen haben Eltern das Medizinsystem auf ihrer Seite. Wenn ein Jugendlicher mit Suizid droht, weil ihm die Drogen-Transformation missgönnt wird, erweicht das die Herzen der behandelnden Ärzte nicht. Sie werden nicht daran denken, *Abstinenzdysphorie* in das Diagnosehandbuch zu setzen.

Vermutlich werden manche Leserinnen und Leser diesen Vergleich ablehnen und in ihm ein Vorurteil sehen, sich vielleicht auch mit der Diagnose »Transphobie« gegen den Autor wenden. Ich bin aber ganz im Gegenteil bestrebt, auch den Umgang mit Drogenabhängigkeit von Entwertung und Feindschaft zu befreien und muss wohl nicht betonen, wie widerwärtig mir jede entwertende oder feindselige Einmischung in sexuelle Präferenzen ist, solange diese gewaltlos unter frei entscheidungsfähigen Erwachsenen gelebt werden.

Ob ich den Normalzustand deprimierend finde, wie die Rauschgiftsüchtigen, oder das mir angesichts meiner Physis zugeschriebene Geschlecht nicht annehmen kann, wie die Transsexuellen – immer geht es um die Frage, ob mir die Mittel gegönnt werden, auf die ich mich angewiesen fühle. Es sind kulturell geprägte Zuschreibungen, dass der Alkoholsüchtige krank ist, der Kokainkonsument aber kriminell, dass der Weinhändler ein angesehenes Mitglied der Gesellschaft ist, während der Dealer eingesperrt wird.

Man kann die Konsumgesellschaft, in der wir leben, auch als Dienstleistungsgesellschaft bezeichnen. Ich bevorzuge den Akzent auf dem Konsum, weil darin Verschwendung und Verbrauch mitbezeichnet sind. Im Gegensatz zu der Produktion von Konsumgütern, die nur durch Manipulation der Kunden überhaupt verkauft werden und deren Folgen (wie Ressourcenverschwendung oder giftiger Müll) die Umwelt schädigen, sind Dienstleistungen potenziell harmlos. In der Altenpflege und in der Förderung von Kindern etwa bräuchten wir dringend mehr und bessere Dienstleistungen. Dennoch kann der Perspektivwechsel darauf, dass wir eben *auch* in einer Dienstleistungsgesellschaft leben, uns hier weiterbringen.

Teile eines Organismus zu zerstören, weil eine Patientin oder ein Patient – oder müssen wir hier in der Tat Kunde und Kundin sagen? – das dringend wünscht, ist das Extrem einer medizinischen Dienstleistung. Sie widerspricht dem hippokratischen Eid. Kaum ein Bereich der Medizin zeigt den Wandel von einer Profession zum Dienstleister so deutlich wie dieser.

Die modernen Möglichkeiten, in den Körper einzugreifen, das Körperäußere und -innere zu erforschen und zu verändern, führen zu einer immensen seelischen Mehrbelastung. Die Angebote, etwas so Grundlegendes wie die Geburt als Mann oder als Frau nachträglich zu verändern, sind nicht mehr aus dem Erleben tilgbar. Wer das eigene Geschlecht unerträglich und ein anderes begehrenswert findet, gerät in eine ganz andere Welt, wenn ihm vorgeführt wird, dass er etwas *tun* kann, um sein Unbehagen auszulöschen. Er *kann* sich entscheiden, aber er *muss* es auch tun, mit allen Konsequenzen, wenn er nicht zurückbleiben will. Der erste Chirurg, der eine Geschlechtsumwandlung operierte, hat eine Welt geschaffen, *in der konflikthafte sexuelle Identitäten nie mehr das sein würden, was sie vorher waren.*

Die Angst, im »falschen« Körper leben zu müssen, führt zu Ärzten, welche die Verwandlung als Dienstleistung anbieten. Der Arzt, der meine Krankheit behandelt, wird mich heilen! Wenn es aber das Leid ist, keine Frau zu sein, sondern ein Mann, der sich als Frau fühlt – dann wird eine medizinische Behandlung zwar das Störende schwächen, es unsichtbar machen, aber die Veränderung wird bisher körperlich gesunde Personen in Dauerpatienten verwandeln.

Ein aktuelles Beispiel für die entschlossene Abwehr aller kritischen Fragen an die Ideologie von Geschlechtsumwandlung ist das Buch »Ich bin Linus« des 1986 geborenen, seit 2017 als Transmann lebenden Linus Giese. Er kämpft gegen die »Besessenheit« mit dem binären Geschlechtssystem. Allgegenwärtig sei diese Einteilung, ohne zu reflektieren, wie sehr sie »nicht-binäre« Menschen kränkt. Im Grunde bedeutet das: Zufriedene Menschen, die es sich in ihrer autoerotischen Welt gemütlich machen, sollen endlich aufwachen und damit unzufrieden sein, dass sie es so natürlich-bequem haben.

Der in seiner Autoerotik ruhende Mensch hat keinerlei Anlass, auszuziehen und Mitgliedern der LBGTQ-Diversifikationen das Leben schwer zu machen, sie zu kritisieren, gar zu entwerten. Aggressiv gegen Homo- oder Transsexuelle sind nur Personen, die selbst unzufrieden sind, die mit ihrer eigenen Autoerotik nicht klarkommen und deshalb andere auf eine Norm festlegen möchten, die sie unbewusst kränkt oder verletzt.

Im Hass auf Transsexuelle liegt das Problem eindeutig *nicht* auf der Seite der Transsexuellen, die nach einer Lösung suchen und dafür Opfer bringen, sondern auf Seite der Hassenden, die sich nicht mit ihren eigenen Störungen auseinandersetzen wollen und für ihre sexuellen Probleme einen Sündenbock brauchen.

Es ist Common Sense, dass sexuelle Vorlieben vielfältig sind und menschliche Lust nur durch kulturellen Druck an die Fortpflanzungsfunktion gebunden werden kann. Aus dieser Vielfalt jedoch zu schließen, dass die Integrität des Körpers ohne Bedenken dem Drängen einer Fantasie von Identität geopfert werden sollte, scheint mir ein falscher Weg. Die Schritte auf diesem Weg strafen für ein Konzept, das die Materie der Fantasie unterwerfen will. Der Chirurg kann operieren, aber nicht heilen. Die Zerstörung eines bisher gesunden Organismus ist definitiv; die gewonnene Identität, wie alle Identität, ein von sozialer Anerkennung abhängiges Provisorium.[17]

Ich möchte betonen, dass es ganz und gar nicht meine Absicht ist, Transmenschen und die professionellen Unterstützer solcher Verwandlungen anzugreifen. Ich denke, die Wahl zwischen Trauerarbeit und Operation ist eine existenzielle Entscheidung, die dem mündigen Individuum überlassen werden muss. Aber die Ambivalenz des Fortschritts zu einem machbar geglaubten Glück wird an wenigen Orten der Moderne so deutlich wie hier. Entsprechend energisch wird das auf diesem Weg angerichtete Unglück verleugnet.

Es ist eine Sache, trauern zu *müssen*, weil es keine Alternative gibt, eine ganz andere, sich für Trauer zu *entscheiden*, wenn die Umgebung manische Lösungen anbietet. Diese Umgebung will uns einen Rückschritt als Fortschritt verkaufen, einen Verlust an Spiritualität als intelligent, eine Sackgasse als Weg ins Licht.

Sobald wir unbewusste Dynamiken mitbetrachten, wird noch deutlicher, dass das fiktive Ziel der völligen Transformation eine Angstdynamik verdeckt. Die narzisstischen Störungen der Adoleszenz haben eine breite Basis, die sich als Entfremdung von einer inneren Lust-Unlust-Regulierung beschreiben lässt. Wer isst, wenn er hungrig ist, zu essen aufhört, wenn er satt ist und sich von einem in der Werbung für Mode, Kosmetik und andere Lifestyle-Inhalte vermittelten Körperbild nicht beeindrucken lässt, ist in der heutigen Gesellschaft wohl eher die Ausnahme. Auf dieser Grundlage des suggerierten Ungenügens an einer vorhandenen Regulierung destabilisiert sich das Selbstgefühl, vor allem im Bereich der Sexualität. Die Autoerotik bietet weniger Halt, wenn Bilder von außen sie schier erdrücken. Dieser Entfremdung von den körpereigenen Lustquellen kommt nun eine Ideologie entgegen, welche die Auflösung der materiellen Realität in einer sozialen Zuschreibung mit realer Emanzipation verwechselt. Es ist eine Art emanzipatorischer Populismus, ein unerfüllbares Versprechen.

Zufriedenheit mit dem eigenen Körper ist ein autoerotisches Geschehen, das sich von selbst herstellt, wenn Kinder in der primären Sexualerforschung nicht gestört werden und in ihrer sekundären Orientierung an den erotischen Aspekten ihrer Liebesobjekte ausreichende, strukturgebende Entwicklungsanreize erfahren.

Die Reaktion auf einen Mangel an solchen Erfahrungen ist ein Gemisch aus Ängsten vor der körperlich nahegelegten sexuellen Rolle, verbunden mit (Auto-)Aggressionen, die sich gegen die Symbole dieser Angst richten, gegen die körperlichen Zeichen. Zuerst einmal ist den Betroffenen klar, *dass sie auf keinen Fall das werden wollen,* was ihnen die in ihrer Kindheit erworbenen inneren Bilder ihres Geschlechts nahelegen. Die Angst vor dem körperlichen Auftrag an das eigene Erleben wird nun dadurch abgewehrt, dass es drüben, im anderen Geschlecht, etwas wie Erlösung und Erfüllung geben könnte.

In dieser Hoffnung ist der Weg das Ziel; erst einmal werden durch Hormone und Operationen die Symbole des Falschen zerstört. Dann gaukelt die Abwehr ein Ankommen vor, den Erfolg einer Umwandlung. Dieser ist freilich so fragmentarisch, dass die ersehnte Stabilität und Klarheit ausbleiben wird. Aber es scheint keine Alternative zu geben.

Transsexualität signalisiert eine große Entfernung von aller Autorerotik. Diese wird dem narzisstisch besetzten Bild einer konstruierten Erotik geopfert. An die Stelle der Selbstbefriedigung tritt das Abenteuer, die Sehnsucht, Anerkennung zu finden für die eigene Besonderheit. Dass deren Basis freilich die Angst ist, das ganz Gewöhnliche, Durchschnittliche nicht zu bewältigen, wird durch die schnell geweckte Bereitschaft fassbar, alles zu verachten und zu verdammen, was als Heteronormativität verstanden oder missverstanden werden kann. So festigt sich eine manische Abwehr.

Wie stark ein Gemisch aus Angst und Aggression die Szene beherrscht, lässt sich aus den in Blogs und sozialen Medien geführten Debatten ableiten. Jede kritische oder ironische Bemerkung genügt, um ein Feindbild zu wecken, dass bekämpft werden muss. Jede Seite fühlt sich bedroht. In diesem erregten Kontext hat die Frage, wie viel Sinn es macht, bei einem Trans-Wunsch die Schiffe zu verbrennen und unersetzliche Funktionen zu zerstören, wenig Chancen, Gehör zu finden.[18]

Weder Einzelbeobachtungen noch Fragebögen können mit hinreichender Sicherheit klären, wie glücklich oder unglücklich das Ergebnis macht. Wie bei vielen anderen, vielfach determinierten Eingriffen in den menschlichen Organismus müsste eine Forschung, die sich der Komplexität des Gegenstandes ernsthaft nähern will, das Unmögliche versuchen: Ein Individuum in zwei Hälften teilen, eine Hälfte behandeln, die andere in Ruhe lassen, und dann die beiden Hälften einige Jahre beobachten.

Die Geschlechtsumwandlung ist keine »Lösung« der Geschlechtsdysphorie, sondern ihre Abwehr. Die rein psychologische Auseinandersetzung mit dem Gefühl, im falschen Körper zu leben, kann heute kaum mehr geführt werden. Sie ist blockiert, wenn die Fantasie, man könne den »richtigen« Körper gemacht bekommen, greifbar nahe scheint.

*Kapitel 5*

# In der Optimierungsfalle

Unternehmen und Medien beuten die menschliche Neigung aus, in Tagträumen mit besseren Welten zu spielen, sich magische Stärke und großen Reichtum vorzustellen. Unsere Größenfantasien materialisieren sich in der fortschrittlichen Welt durch immer neue Waren oder Dienstleistungen – und werden zum Fluch, weil sie das versprochene Glück nicht bringen, aber Gutes verloren ging und Ressourcen verschwendet wurden.

Wir können die menschliche Entwicklung als ein Geschehen zwischen den Polen imaginärer Allmacht und realer Macht beschreiben. Die Neigung zur radikalen Größen- und Allmachtsfantasie ist im Kleinkindalter besonders ausgeprägt; sie nimmt dann ab, wenn die körperlichen und geistigen Fähigkeiten zunehmen. Der Erwachsene blickt dann, je nachdem, wie viel Wohlwollen sein eigenes kindliches Fantasieleben gefunden hatte, gerührt oder verächtlich auf ein Kind, das sich seiner Grandiosität hingibt.

»Ich fahre hundert!« kreischt der kleine Junge, der auf einem winzigen Fahrrad, beschützt durch einen knallroten Helm, seiner Mutter hinterherstrampelt, die sich besorgt nach ihm umdreht. Ich musste bei dieser Begegnung an einen anderen Dreijährigen denken, der mir bei einem Besuch bei seinen Eltern – besonnenen, konsumkritischen, aber auch liebevoll gewährenden Menschen – einen dicken Motorradkatalog brachte. Die Eltern hatten ihm das Buch geschenkt, weil er bei jedem geparkten Motorrad stehen blieb und etwa fragte, ob das ein Chopper oder ein Rennmotorrad sei. Niemand konnte sich erklären, woher diese Begeisterung bei dem knapp Dreijährigen kam. Niemand in seinem Umkreis fuhr Motorrad. Aber unter den vielen Dingen, die das Kind sah, fesselte gerade dieses seinen Blick und seine Fantasie.

Wir verbrachten die nächsten Stunden damit, dass er mir die einzelnen Maschinen zeigte und ich ihm die technischen Daten vorlesen musste. Am meisten interessierte ihn die Höchstgeschwindigkeit, gefolgt von der PS-Zahl. Nachher gingen wir spazieren. Er lief voraus, brummte und röhrte wie ein Motor, der hochgeschaltet wird. Er war ein Motorrad – und bestimmt kein schwaches, kleines, langsames!

Warum gerade ein Motorrad? Ich konnte mich in seine Wahl einfühlen, obwohl meine eigene Karriere als Biker mit einem (zugegeben etwas frisierten) Moped mit 45 Kubik begann und endete. Motorräder sind nackte Kraft; halb Mensch, halb Maschine, vergleichbar den Kentauren. Sie sind eines der radikalsten, auch der gefährlichsten Werkzeuge menschlicher Fortbewegung und reizen auch deshalb manische Fantasien von Unverwundbarkeit.

Der Philosoph Günther Anders hat in diesem Zusammenhang von einem prometheischen Gefälle gesprochen und den Gegensatz zwischen der Schwäche des menschlichen Organismus und der Perfektion unserer Maschinen betont. Mir fiel ein Vers von ihm ein:

> Täglich steigt aus Automaten
> immer schöneres Gerät.
> Wir nur blieben ungeraten,
> uns nur schuf man obsolet.[19]

Anders vermutet, dass dieser Kontrast vor allem Scham auslöst, die er »prometheisch« nennt – angelehnt an den Versuch von Prometheus, die Distanz zwischen Göttern und Menschen zu verkleinern, in dem er letzteren das Feuer bringt. Von einer Scham konnte ich in meinen Beobachtungen allerdings nichts finden, im Gegenteil: Der Triumph des Kindes war doch sehr deutlich, sich in eine mächtige Maschine zu *verwandeln*.

Der Begriff der prometheischen Scham baut auf einer Distanz des gebildeten, kritischen Erwachsenen zu technischen Geräten. Aber die Art, wie Menschen die Dinge erleben, wandelt sich mit jeder Generation. Scham ist selten geworden. Anders' These setzt Abstand voraus, die Bereitschaft zum nachdenklichen Vergleich. Sie spricht für eine Zeit und eine soziale Schicht, in der die humanistische Bildung selbstverständlich war und künftige Naturforscher erst einmal Latein und Griechisch lernten (und daher auch mühelos verstanden, was mit »prometheisch« gemeint ist). Heute ist die humanistische Bildung obsolet geworden. In der Beziehung zu den Geräten überwiegt die Gier: Sie werden begehrt, weil sie den eigenen Wert, die eigene Macht und Geltung steigern.

Die Dinge neben den Menschen bieten dem Kind wichtige Erfahrungen: Sie sehen das Kind nicht, aber sie bewerten es auch nicht, sie loben nicht, aber sie nörgeln auch nicht. Sie lassen etwas mit sich machen. Manche sind gefährlich, aber in der Verschmelzung mit ihnen kann das Kind diese Gefahr bezwingen. Wenn es nur gute Menschen gäbe, müssten wir uns schämen, wenn wir sehen, dass unsere Kinder von Maschinen oft mehr fasziniert sind als von ihrer menschlichen Umwelt. Aber solange das nicht der Fall ist? Warum sollten Kinder nicht spielen, sie seien nicht nur Pferd, Ritter, Elefant, Dinosaurier, sondern Bagger, Lokomotive, Motorrad, Düsenjäger?

Das Problem ist nicht, dass Kinder Größenfantasien erkunden, sondern dass diese Fantasien auf ein gewisses Maß an technischer Umsetzbarkeit treffen. Ich habe bereits beschrieben, wie der Fortschritt in der Dienstleistungsgesellschaft uns Fantasien und Entscheidungen aufzwingt, die früheren Generationen erspart blieben. Wir haben uns selbst aus dem Paradies vertrieben, unseren Körper so anzunehmen, wie er ist. Das einst Undenkbare ist nicht nur denkbar geworden, es *muss* auch bedacht werden und entwickelt ein eigenes Potenzial psychischer Belastung.

Ein leider allzu alltägliches Beispiel: Eine junge Frau fühlt sich nicht attraktiv. Sie überzeugt sich selbst davon, dass ihre kleinen

Brüste daran schuld seien. Die Konsumgesellschaft sagt ihr: »Die Natur hat zehn Jahre an deinen Brüsten gebaut, und du siehst, was dabei herausgekommen ist. Gib uns drei Stunden, und du wirst ein wahres Wunder erleben!« (Diese Anzeige mit einer Adresse und dem Bild eines formvollendeten Busens habe ich vor vielen Jahren in einer kalifornischen Illustrierten gefunden.)

Vor der Operation wird die junge Frau aufgeklärt. Sie fürchtet sich, unattraktiv zu sein, der Chirurg fürchtet sich vor Schadensersatzansprüchen. Narben können schmerzen, Silikonpolster bei unsachgemäßer Behandlung platzen, sie sollte nicht mehr in Bauchlage schlafen.

Am Ende geht alles gut, die Wunden sind verheilt, die Brüste sind größer. Aber das Glück? Die äußere Veränderung hat die Fähigkeit der jungen Frau geschwächt, ihr seelisches Problem anzugehen. Sie hat die Ängste, mit ihrer erlebten Unvollkommenheit Kontakt zu suchen, nicht bekämpft, sondern sich ihnen unterworfen. Sie hat es bisher vermieden, sich unbefangen anderen Menschen zu nähern, Zuneigung anzubieten, in der Hoffnung, dass ihre Zuneigung erwidert wird. Ihre Wünsche laufen darauf hinaus, begehrt zu werden. Sie hofft, jetzt bessere Chancen zu haben. Es hat sich verstärkt, was Karen Horney das neurotische Liebesbedürfnis nannte.[20] Entgegen ihrer Hoffnung ist sie jetzt stärker gefährdet, an einer Depression zu erkranken, als vor dem Eingriff.

Er war ein Schritt in die Sackgasse der Sehnsucht, geliebt zu werden, nicht weil man selbst liebt, sondern weil man sich den Waren angeglichen hat, die das Begehren der Konsumenten erregen. Sie hat sich schon vorher von außen erlebt, sich in die Blicke der Männer hineinversetzt. Es geht nicht um ihre Lust auf eine Begegnung, sondern darum, ob sie sicher sein kann, dass andere sich für sie interessieren und sie dann entscheiden kann, ob sie dem fremden Begehren nachgibt oder nicht. Wenn sie in Zukunft etwas zeigt, wird es eher der geschönte Busen sein, weniger ihr Interesse an einer Beziehung und ihr Gefühl für das Gegenüber.

So wächst ihre Abhängigkeit und damit auch ihr Bedürfnis, sich und andere zu kontrollieren.

Ein zweiter Fall: Der Patient ist dreißig Jahre alt und hatte noch nie eine intime Beziehung. Er erlebt das als Versagen, schämt sich und erklärt es sich damit, dass sein Penis zu klein sei und Frauen ihn, sobald sie ihn nackt sehen, deshalb verspotten würden. In einer Illustrierten liest er einen Text über Operationen zur Penisvergrößerung, reist in eine Klinik und bezahlt eine hohe Summe für die Operation. Nach einigen Jahren schämt er sich nicht mehr wegen seines kleinen Geschlechtsorgans, sondern weil er so alt ist und immer noch keine sexuelle Erfahrung hat. Jetzt will er eine Psychotherapie beginnen.

Die Optimierung einer funktionstüchtigen Struktur ist grundsätzlich riskant. *Never change a running system*, mahnt ein englisches Sprichwort: Ändere nie ein System, das funktioniert. Oft schadet der Versuch, einen Ablauf zu verbessern – vor allem dann, wenn nicht alle Faktoren bekannt sind, die ihn beeinflussen. Die elementare Dummheit in diesem Feld fasst das Sprichwort von den Reishalmen, die auch nicht schneller wachsen, wenn man an ihnen zieht.

Aber genau dazu verführt die Angst: Sie setzt das Ich nicht nur unter Druck, *schnell* eine Lösung zu finden, sie verengt auch das Erleben auf diese *eine* Lösung hin und verspricht, dass sie Sicherheit verschafft – egal, wie mühsam, teuer oder schmerzhaft sie auch sein mag.

Darin liegt die verhängnisvolle Faszination kosmetischer Operationen: Zuerst wird alles, was als Mangel an (Selbst-)Liebe erlebt wird und als Hindernis, Zuneigung oder Bewunderung zu gewinnen, auf einen Ort konzentriert – in diesen Beispielen auf den Penis oder die Brüste. Diese konzentrierte Angst überwältigt die Hemmungen, welche gegen schmerzhafte Eingriffe aufgebaut sind. Sie verspricht hinter Leid und Mühe einen glücklichen Zustand, in dem die bisherige Störung im Selbstbild nicht mehr existiert.

Die Nähe zur manischen Abwehr ist deutlich: Zwischen mir und dem Glück steht ein Hindernis; ist es beseitigt, gehört das

Glück mir. Dass größere Brüste oder ein verlängerter Penis keine glückliche Beziehung verschaffen können, ist dem nachdenkenden Ich klar, nicht aber dem von narzisstischen Ängsten bedrängten.

Im Glauben an einen Weg von den falschen Brüsten, der falschen Nase, dem falschen Penis, dem falschen Körper zum »richtigen« unterwirft sich die Psyche einer äußeren Norm in der Illusion, die Materie einem »wahren« inneren Bild anzugleichen. Nach der ersten Schönheitsoperation ist der Schritt zur zweiten und dritten kürzer geworden, zumal die ersehnte ästhetische Perfektion nicht erreicht wird und das neurotische Liebesbedürfnis unersättlich bleibt.

In der Natur gibt es viel Schönheit, von den Blumen bis zum Gesang der Vögel und den Silberschuppen der Fische. Sie wächst, entfaltet sich, vergeht. Die Schönheit von Kindern gleicht den Reizen der Natur, solange keine Urteile in diese friedliche, sich selbst genügende Welt eindringen.

Unentrinnbar werden diese Urteile nach den Reifungsschritten der Pubertät. Zu diesen gehören Vergleich und Kritik, die sich in der Bildschirmwelt tausendfach multipliziert haben. Ästhetische Perfektion wird zur imaginären Norm. Wie Models mit höchstem Aufwand an Kosmetik, Beleuchtung und Bildbearbeitung wirken, daran misst sich die Zwölfjährige. Wenn sie nicht dem so geschaffenen Ideal entspricht, kann sie dann überhaupt eine attraktive Zukunft haben?

Je mehr solcher Bilder in die kindliche Welt eindringen, desto unglücklicher werden Kinder, deren Eltern sie nicht davor beschützen können, sich mit Vergleichen zu quälen. Besonders verhängnisvoll ist es, wenn die Eltern selbst schon früh beginnen, ihre eigenen Sorgen in ihre Kinder zu verlegen; dem genussvoll essenden Kind Übergewicht prophezeien, dem trägen berufliches Versagen.

Die meisten Eltern erleben eine eindrucksvolle Veränderung ihrer Kinder in der Pubertät. Das fröhliche, stets zum Lachen bereite Kind, das seine Gefühle und Bedürfnisse den Eltern eröffnet und von ihnen nicht genug kriegen kann, das mitgenommen werden will, wenn Mama zum Einkaufen geht oder Papa zum Angeln, verwandelt sich in einen abweisenden Teenager, der sich mit sich selbst beschäftigt, die Tür zum Badezimmer versperrt und auf Kommentare über sein Aussehen und Verhalten mürrisch reagiert.

In der Adoleszenz entwickelt sich die Fähigkeit zur Selbstwahrnehmung und damit zur Selbstkritik rasant. Jugendliche informieren sich – »oh, ich bin kurzsichtig, also werde ich niemals Pilot sein können, aus mir wird kein zweiter Perry Rhodan werden«. Die Frage wird drängend, was man jetzt tun kann, um als Erwachsener, als man selbst, ohne Schutz durch andere, zu bestehen. »Was ist richtig an mir, was ist falsch?«

In diesem Gemisch aus hoch entwickelter Intelligenzleistung (diesbezügliche Testergebnisse erreichen im Alter von 14 Jahren ihren Höhepunkt; weder früher noch später lernen Menschen so schnell), großer Unsicherheit und heftiger Zukunftsangst wurzelt die Neigung zu radikalen Entscheidungen. Eine davon, den Wechsel des Geschlechts im Sinn einer manischen Abwehr des Vorhandenen und der Konstruktion einer narzisstisch besetzten, neuen Identität, die »eigentlich schon immer da war«, habe ich bereits besprochen.

Aber die Bereitschaft zu mehr oder weniger mühsamen oder gar destruktiven »Lösungen« bietet ein viel breiteres Spektrum. Essstörungen, körperlich ruinöses Fitnesstraining, Selbstverletzungen, Drogenkonsum und Zwangssymptome häufen sich bei Adoleszenten. Bemerkungen der Eltern werden in autoaggressive Lösungen »eingebaut«, die Erwachsenen so zu unfreiwilligen Komplizen der Selbstbeschädigung. Ein an schwerer Anorexie erkranktes Mädchen sagt, ein Satz ihres Vaters habe ihre Störung ausgelöst: Sie sei mit vierzehn kräftig gewachsen und habe Brüste bekommen. Der Vater habe bemerkt: »Du bist eine richtige Wuchtbrumme!« Da habe sie sich entschlossen, dünn zu werden.

Ein Fünfzehnjähriger hatte begonnen, sich durch Hanteltraining eine bessere Figur zu verschaffen. Diese Entwicklung missfiel seinen Eltern, die sich einen eher intellektuellen Sohn wünschten und sich Sorgen machten, weil gleichzeitig seine Schulleistungen nicht mehr so überdurchschnittlich waren wie bisher. Der Vater behauptete, wer so viel trainiere und dann wieder aufhöre, bei dem hänge die Haut schlaff am Körper. So beschloss der Sohn, er müsse neben dem Muskelaufbau auch abnehmen und aß nur noch einmal am Tag hochkonzentrierte Proteine.

Ähnliche Anekdoten lassen sich in der Vorgeschichte vieler Entwicklungsstörungen in der Adoleszenz finden. Sie werden oft auch von den konsultierten Psychotherapeuten akzentuiert, mit der Folge, dass neben der Belastung durch die Symptome auch noch Schuldgefühle die Familie bedrücken – als ob es eigentlich ganz einfach wäre, als perfekte Eltern durch das falsche System zu navigieren, das unsere Gesellschaft geschaffen hat.

Dieses System begünstigt einen Optimierungsdruck, in dem Grenzen verleugnet werden und die Erfüllung perfektionistischer Ideale als einzige Lösung der schwierigen Aufgabe hingestellt wird, erwachsen zu werden. Vom Perfektionismus bedrückt, behauptet das Kind, manchmal unterstützt von unkritischen Helfern, bessere Eltern hätten ihm sein schweres Schicksal erspart.

Auch in diesem Manöver verrät sich die Optimierungsfalle. Was aus dem elenden Zustand des Scheiterns erlösen könnte, ist in einer (Werbe-)Welt, die gefüllt ist mit Bildern perfekt gelingenden Lebens, nie das Gewöhnliche, Normale, die durchschnittlich gute, durchschnittlich glückliche Entwicklung. Es ist das Überoptimale, die von einer manischen Abwehr vorgegaukelte Welt.

Noch ein Beispiel: Der drogenabhängige Sohn erfolgreicher Akademiker hat mit viel Nachhilfe im Alter von 24 Jahren Abitur gemacht und jetzt mit dreißig Jahren an einer privaten Hochschule einen Bachelor in Philosophie abgeschlossen. Wirtschaftlich ist er von den Eltern abhängig. Eigentlich müsste er sich um eine Stelle bewerben, aber er fühlt sich nicht in der Lage dazu.

Die Eltern haben ihm schon mehrere Praktika bei Freunden der Familie vermittelt. Da der Praktikant kaum je pünktlich zur Arbeit erschien, »uninteressante« Aufgaben ablehnte oder so schlecht erledigte, dass er Mehrarbeit für die Mitarbeiter produzierte, wurde ihm immer in den ersten Wochen nahegelegt, sich einen passenderen Praktikumsplatz zu suchen, in dem er sich seinem Wunschberuf – Coaching für Topmanager – besser nähern könnte.

Während der Vater des jungen Mannes inzwischen denkt, dass eine Handwerkslehre die bessere Wahl gewesen wäre, glaubt die Mutter fest daran, dass ihr Sohn hochintelligent und kreativ sei; er müsse nur die richtigen Bedingungen finden, um seine Talente zu entfalten. Sie fürchtet sich vor Auseinandersetzungen mit ihm, weil er dann ausfällig wird und ihr die Schuld an seinen Depressionen gibt: Sie sei keine gute Mutter gewesen, habe ihn in Krippe und Kindergarten abgeschoben, um Karriere zu machen, habe ihm kein gutes Selbstbewusstsein mitgegeben.

Es ist ein fatales Projekt, das menschliche Glück in Steigerungen zu suchen und nichts mehr zu fürchten als einen Schritt zurück. Die kapitalistische Gesellschaft neigt dazu, Wachstum und Steigerung gleichzusetzen. Aber die organisch klingende Ableitung ist verlogen. Man muss nur auf die Wachstumsringe eines Baums schauen, um den Unterschied zu erkennen. Natürliches Wachstum hält inne, wenn die Ressourcen knapp werden. Der Baum wächst in Zeiten von Dürre oder Dunkelheit kaum, legt aber unter günstigen Bedingungen kräftig zu.

In der Leistungsgesellschaft erleben es die meisten Eltern als Niederlage, wenn ihre Kinder nicht ein vergleichbares oder höheres Bildungs- und Einkommensniveau als sie selbst erreichen. Man könnte einen großen Topf mit den Tränen füllen, die wegen dieser Wahnvorstellung von Kindern, aber auch von Eltern vergossen werden. Das wegen der guten Absichten seiner Eltern optimierte Kind, das sich mit Mühsal und viel Hilfe durch eine höhere Schule oder ein Studium quält, ständig vom Gefühl bedrängt, schlechter zu sein als andere, ist verführt, Ängste und Schuldgefühle zu betäuben. Das führt zu dem in Saint-Exuperys »Kleinem Prinzen« beschriebenen Teufelskreis: zu trinken, weil ich mich schäme, mich zu schämen, weil ich trinke.

In einer modernen Zivilisation sind Jugendliche nicht gut mit Erlebnissen von Selbstwirksamkeit versorgt, in denen die antiken Philosophen ebenso wie die moderne Psychologie die verlässlichste Quelle von Glücksgefühlen sehen. Sie müssen viele Jahre lang abstrakte, das eigene Selbstgefühl dem Urteil von Lehrern ausliefernde Lernprozesse hinter sich bringen, um sich für einen anspruchsvollen Beruf zu qualifizieren.

Wenn ihre Eltern sie die Entscheidungen alleine treffen lassen, welche Schule sie besuchen, welchen Beruf sie ausüben möchten, fühlen sie sich mit Recht in einer überkomplexen Welt alleingelassen. Und wenn die Eltern vorschreiben, was nach ihrem Dünken optimal ist, fühlen sie sich bevormundet, ebenfalls mit Recht.

»Ich will doch gar nichts Besonderes haben oder sein, ich möchte doch nur, dass in meinem Leben alles glatt geht!« Wenn die als normal wahrgenommenen, in Wahrheit aber manischen Projekte scheitern und das von Drogen- oder Magersucht geschwächte, halb erwachsene Kind therapeutische Hilfe sucht, ist der erste Wunsch ebenso eindeutig wie kaum erfüllbar: Wie kann das an den bösen Symptomen gescheiterte Ziel doch noch erreicht, das Studium abgeschlossen, der berufliche Erfolg gesichert werden?

Die Kritik an der Leistungsfixierung ist nicht neu; schon in den 1960er-Jahren wurde die Frage laut, ob ein glücklicher Straßenkehrer nicht ein erfreulicheres Resultat pädagogischer Bemühung sei als ein unglücklicher Professor.[21] Aber der Reformoptimismus dieser Zeit ist verblasst. Der Straßenkehrer bräuchte ein stabileres Selbstgefühl als der Professor, um den inneren und äußeren Einwänden zu trotzen, dass er gar nicht glücklich sein kann, wenn er diesen Job macht. Und das ist in heutigen Zeiten noch schwerer zu bekommen.

Wenn der Einserabiturient das juristische Staatsexamen mit der besten, der in Bayern so genannten »Notarsnote« absolviert hat und nach dem Einstieg in das einträgliche, aber auch öde Amt an einer Depression erkrankt, scheint der therapeutische Auftrag erst einmal klar: Es geht darum, den arbeitsunfähigen Juristen zu rehabilitieren. In einer kognitiven Verhaltenstherapie soll gegen die trüben Gedanken angeübt werden. Medikamente können das unterstützen. Es gibt aber auch ein offeneres Vorgehen: Den Versuch, diese Entwicklung zu verstehen. Das wirkt zunächst wie ein Umweg und wird von manchen Patienten auch so gesehen, die eigentlich nur möglichst schnell wieder arbeitsfähig werden wollen. Wenn sich aber allem Üben zum Trotz die Freude an der Tätigkeit nicht herstellen lässt, lohnt sich das Wagnis vielleicht doch.

Eine psychodynamische Therapie der Depression untersucht stets auch die Größenfantasie im Hintergrund und die manische Abwehr, deren Zusammenbruch die Symptomatik auslöste. Dabei erleben Depressive nur selten emotionale Höhenflüge; sie empfinden sich nur als »normal« und ihr Leben hebt sich deshalb vorteilhaft von dem Leben anderer ab, weil sie »keine Probleme« haben. Erst die gründliche Analyse zeigt die Angst hinter der Anpassung und die verengte Lebensperspektive.

Der geschilderte depressive Notar war ein Sohn, der durch beste Leistungen und eine makellose Karriere seiner ängstlichen, als Hausfrau unglücklichen Mutter Halt und Sinn schenken wollte. Endlich in dem allseits respektierten Beruf angekommen, fürchtete er sich, Verantwortung zu übernehmen, Fehler zu machen, selbstständig zu arbeiten. Zum ersten Mal in seinem Leben wurde er kritisiert, weil er vor lauter Ängsten, einen Fehler zu machen, nicht vorankam. Zudem hatte ihn eine Freundin aus Studententagen verlassen, weil er sich weder für noch gegen eine gemeinsame Wohnung und die Gründung einer Familie entscheiden konnte.

Von außen lässt sich relativ schnell erkennen, dass der Gedanke, durch extreme Anpassung an das Idealbild des guten Sohns die Mutter glücklich zu machen, eine Größenfantasie enthält und die unbewusst gegen den Autonomieverzicht gerichtete Aggression manisch abwehrt. Der Patient war ein sanftes, braves Kind, von der Sorte, die andere Mütter ihren wilden Buben und schlechten Schülern als Leuchtturm vor Augen führen. Weder er noch seine Eltern konnten ahnen, wie wenig belastbar die Fassade seiner Anpassung war. Im Zug der Behandlung gab der Patient das Notariat auf und begann eine Ausbildung als Altenpfleger. Die Depression verschwand, er beendete die Therapie, und das Letzte, was ich von ihm hörte, war die Geburtsanzeige von Zwillingen.

*Kapitel 6*

# Das Glück der Diagnose

Die Suche nach dem Glück ist in der modernen Welt Grundrecht jedes Einzelnen. Wer sich für *the pursuit of happiness* entscheidet, verfolgt dieses Ziel erst einmal in gleichberechtigter Konkurrenz mit allen anderen.[22] Die Väter der Unabhängigkeitserklärung, in der dieses Recht festgehalten ist, ahnten nichts über die Sprengkraft ihrer Formulierung. Sie sahen ihr großes Versprechen durch den Sichtschlitz der eigenen Rüstung, überzeugt, dass nur weißen Männern die Rolle des Glücksritters zusteht (es waren Plantagenbesitzer unter ihnen, die Sklaven beschäftigten). Bis heute ist ein Prozess nicht abgeschlossen, in dem Frauen und Nichtweiße in bisher unzugängliche Domänen der Glückssuche eindringen.

Je höher der Baum der Freiheit wächst, desto größer wird aber auch sein Schatten. Je mehr die Suche nach Selbstverwirklichung, das Modell »vom Tellerwäscher zum Millionär«, um sich greift, desto attraktiver werden auch brauchbare Entschuldigungen dafür, die Teilnahme zu verweigern. Hundert Jahre nach der großen Glücks-Erlaubnis war Hysterie die häufigste Erkrankung überhaupt – eine Diagnose wie ein Taschenspieler, der trickreich alle bekannten und noch einige unbekannte Symptombilder benutzt, um Vorteile in der Jagd nach dem Glück herauszuschlagen. Aufgeschlossene Ärzte haben großen Erfolg mit neuen Einsichten in diese Leidenswelt; Sigmund Freud erkennt in ihr Fixierungen an verdrängte, polymorph-perverse Wünsche; Alfred Adler die Suche nach sozialer Geltung, den überkompensierten Minderwertigkeitskomplex.

Diagnosen *ent*lasten, indem sie uns von der Konkurrenz mit den »Gesunden« befreien, sie *be*lasten, weil sie uns diskriminieren, uns mit dem Zweifel an unserer Tauglichkeit für den Wettbewerb auch vom Sieg ausschließen. Der kanadische Sozialforscher Edward Shorter hat gezeigt, wie im 19. Jahrhundert der »wissenschaftlich« vorgehende Arzt und die »nervöse« Patientin in der Gestaltung von Krankheiten und Krankheitssymptomen in einer Weise zusammenwirken, die wir heute vielleicht mit der Interaktion von Regisseur und Schauspielerin vergleichen würden.[23]

Die »große Hysterie«, die Jean-Martin Charcot (1825–1893) entwarf und bis zu seinem Tod im Bewusstsein der europäischen Medizin verankerte, war ein Kunstprodukt, erzeugt durch suggestive Ansteckung der zusammengepferchten Patientinnen und aufrechterhalten durch die »hypnotischen« Bemühungen der Assistenten, Beweise für die Theorie des Meisters zu finden.

Dass die Hysterie durch epileptoide Anfälle charakterisiert ist, denen ein »Stadium des Clownismus« und ein »Stadium der pathetischen Haltungen« folgen, galt so lange, wie Charcot seinen Assistenten dieses Krankheitsbild glaubhaft machte. Jules-Joseph Dejerine, der zwei Jahre nach Charcots Tod dessen Lehrstuhl übernahm, betreute ebenfalls einen ganzen Saal armer hysterischer Frauen. Wo unter Charcot gezuckt und geschrien wurde, ging es jetzt ruhig zu, weil der Chef keine Anfälle mochte. »In den acht Jahren, die ich nun an der Salpêtrière bin«, fasst Dejerine zusammen, »haben die Symptome der sogenannten großen Hysterie, wo sie sich in meiner Abteilung zeigten, in keinem einzigen Fall länger als eine Woche angehalten.«

Shorter sieht in diesen Ereignissen einen Hinweis darauf, wie viel Macht die Ärzte in der zweiten Hälfte des 19. Jahrhunderts über die Gestalt der Krankheiten gewonnen hatten. Seine zentrale These zur Gegenwart der psychosomatischen Erkrankungen ist, dass die Ärzte diese Macht gegenwärtig verlieren. Ihre Nachfolger sind die Massenmedien. Sie machen den ärztlichen Autoritäten den Rang streitig: »Die gegenwärtig herrschenden medizinischen Paradigmen gehen in den medial kanalisierten Wortfluten von Interviews mit ärztlichen Schwarmgeistern und herzergreifenden Patienten-

Passionsgeschichten sang- und klanglos unter.« Die Massenmedien wirken nicht in Opposition, sondern durch Manipulation der wissenschaftlichen Arbeiten. Während die hysterischen Kranken den Ärzten so sehr vertrauten, dass sie genau die Symptome produzierten, die diese erwarteten, ist angesichts der modernen Erschöpfungssyndrome eine neue Front aus Massenmedien und Patienten entstanden, die sich trotzig gegen ärztliche, aber auch psychologische Bevormundung wehren und davon ausgehen, dass nur Betroffene »mitreden« dürfen.[24]

Shorter bezieht sich konkret auf das »chronische Müdigkeitssyndrom« oder »Erschöpfungssyndrom«, das von Organisationen der Betroffenen hartnäckig als organische Erkrankung (in erster Linie als Folge von Virusinfektionen) interpretiert wird. Psychosomatische Aspekte und eine Behandlung durch Psychotherapeuten werden abgewehrt. Es geht darum, »ernsthaft« erkrankt zu sein, einen Anspruch auf »echte« medizinische Hilfe zu haben.

Diese Haltung zeigt, wie schnell sich die Einschätzung von Fortschritten in der Behandlung von Leidenszuständen verändern kann. Während die Anerkennung von seelischen Traumata nach militärischen Einsätzen als positive Entwicklung der Heilkunde gefeiert wurde, gilt auf einer anderen Baustelle die Hypothese einer psychosomatischen Ursache als Zumutung.

In der Psychotherapie spielen solche ideologischen Auseinandersetzungen nur im Vorfeld eine Rolle. Hat die persönliche Arbeit erst einmal begonnen, treten sie zurück. Das Müdigkeitssyndrom bestätigt das Konzept der Ergänzungsreihe: Am Anfang steht eine Virusinfektion mit verzögerter Heilung – aber diese Verzögerung verwandelt sich in ein dynamisches Geschehen.

Ein sportlich wirkender 28-Jähriger beispielsweise war schon von mehreren Kapazitäten der Infektiologie untersucht worden, weil er sich nach einem Pfeifferschen Drüsenfieber nicht mehr fit genug für sein Jura-Studium fühlt. Er schläft jede Nacht zwölf Stunden und ist tagsüber oft zu müde, ein Buch aufzuschlagen. Die Therapie ergibt einen verleugneten Widerwillen gegen ein

Studium, das der Herzenswunsch des Vaters ist. Dieser hat sich als Unternehmer ohne Studium hochgearbeitet; es würde ihm das Herz brechen, wenn der Sohn nicht gerne und dankbar studiert.

Während der Behandlung beschließt der Sohn, sich trotz der großzügigen finanziellen Unterstützung durch seinen Vater eine Stelle als Werkstudent zu suchen. Bald arbeitet er im Messebau und freut sich, eigenes Geld zu verdienen. Wider seine Erwartung ist der Vater einverstanden, als ihm der Sohn schließlich sagt, er wolle jetzt eine Schreinerlehre machen.

Psychotherapeuten begegnen oft Hinweisen, dass sich Kinder nicht mit dem vernünftigen Ich, sondern mit dem Überich der Eltern identifizieren und deren Urteil weit strenger erwarten, als es tatsächlich ausfällt. In der analytischen Arbeit zeigte sich, dass der Sohn den Vater fanatisch an das Jura-Studium fixiert erlebt hatte, ohne genauer nachzufragen. »Du sollst doch machen, womit es dir gut geht«, hatte der Vater gesagt. Er war weder zusammengebrochen noch drohte er den Sohn zu enterben, wie es sich dieser ausgemalt hatte.

Charcot starb genau hundert Jahre nach der amerikanischen Unabhängigkeitserklärung. Shorters Charcot-Kritik erschien hundert Jahre später. In den Jahren seither hat sich die Situation noch einmal verändert. Inzwischen haben sich Subkulturen entwickelt, die ihre eigenen Experten generieren und mit beträchtlicher publizistischer Schlagkraft Zweifel an ihren Aussagen abwehren. Skepsis wird als politisch unkorrekt, verständnislos und vorurteilsbehaftet angeklagt.

Wenn im weitesten Sinn politische Positionen auf ungeklärte Sachverhalte treffen, geht rasch der zentrale Wert wissenschaftlichen Denkens (und Fragens) verloren. In der Betrachtung der operativen Geschlechtsumwandlung wurde deutlich, dass es keine perfekte Lösung gibt: Wer einem Menschen, der sich im falschen Körper fühlt, durch Hormone und Operationen »hilft«, gibt ihm etwas von dem Ersehnten, nimmt ihm aber auch etwas von seinen Möglichkeiten und seiner Gesundheit.

Ähnliches gilt für alle medizinischen Diagnosen von Leidenszuständen, deren Ursachenkette nicht aufgeklärt ist. Wenn ein Kranker hustet und der Arzt findet Tuberkulose-Erreger im Sputum, wird jeder vernünftige Mensch die Diagnose einer Tuberkulose positiv beurteilen. Wenn er hustet, aber es findet sich kein Erreger und auch kein anderer organischer Befund, wird es ambivalent: Sollen wir einen psychogenen Husten diagnostizieren oder sollen wir weitersuchen, bis wir eine organische Ursache gefunden haben? Sollen wir den irgendwann als »nervös« beurteilten Husten mit Antidepressiva behandeln, weil wir im Hintergrund eine Depression vermuten, oder sollen wir dieses Leiden mit Psychotherapie behandeln in dem Versuch, herauszufinden, welche Dynamik hinter dem Husten steht?

Nun ist Husten ein relativ einfaches Symptom. Erheblich komplizierter wird die Sache, wenn es sich um Probleme im sozialen Verhalten handelt. Welches Maß an Angst vor Nähe, an der Projektion traumatischer Erfahrungen, an narzisstischen Größenfantasien und Liebesansprüchen (dem »überkompensierten Minderwertigkeitskomplex« Alfred Adlers) ist Teil meiner individuellen Persönlichkeitsmerkmale und sozusagen normales Hilfs- oder Hinderungsmittel in der Verwirklichung meiner Pläne? Unter welchen Umständen entscheide ich mich, mit meinen Gefühlen sozialen Scheiterns zu einem Experten zu gehen? Was wird das für Folgen haben?

Um 1960 entwickelte sich in der Nervenheilkunde eine kritische Strömung, die manchmal »Antipsychiatrie« genannt wurde. Die kreativsten Köpfe unter den Psychiatriekritikern – der Amerikaner Thomas Szasz, der Italiener Franco Basaglia, der Franzose Michel Foucault, der Engländer Ronald Laing und die Deutschen Klaus Dörner und Erich Wulff – beschreiben den enormen Unterschied zwischen exakten medizinischen und »mythischen« psychiatrischen Diagnosen. Sie kritisieren, dass die Etikettierung der Kranken und ihre Behandlung in medizinisch organisierten Anstalten Phänomene produzieren, die dann als Krankheiten beschrieben werden.

Festzuhalten ist, dass jede Entscheidung, sich selbst als psychisch krank zu definieren und Hilfe aus der öffentlichen Gesundheitsfürsorge zu beanspruchen, in ihrer Doppeldeutigkeit untersucht werde sollte. Sie kann uns entlasten so gut wie belasten. Da mit Dienstleistungen Geld verdient wird, müssen wir die Belastung doppelt aufmerksam prüfen. In der Konsumgesellschaft ist das Glücksversprechen groß gedruckt, seine Nachteile bleiben verborgen und sind schwer zu entziffern.

»Ich bin erschöpft, habe zu viel gearbeitet, ich brauche Erholung!« steht gegen »Ich habe Burnout!«. »Mein Sohn kann sich schlecht konzentrieren, er ist ein sinnlicher Typ und hat Mühe mit Abstraktionen; das Gymnasium war nicht sein Ding, seit er eine Lehre macht, geht es ihm viel besser!« steht gegen »Mein Sohn hat ADHS, aber mithilfe von Medikamenten kann er ein normales Leben führen!«. »Die meisten Menschen sind unlogisch und ich komme nicht klar mit ihnen. Und obwohl ich meinen Arbeitsplatz in der Bank jetzt schon zwanzig Jahre habe, fürchte ich mich immer wieder, ihn zu verlieren. Ob die Beziehung zu meinem Freund hält, weiß ich auch nicht.« steht gegen »Ich leide an einer Störung im Autismus-Spektrum!«.

Das erste Mal ist mir das Glücksgefühl durch Diagnose bei einer Patientin begegnet, die wegen einer gescheiterten Ehe und heftigen Problemen mit ihrem Kind in Gruppentherapie gekommen war. Ihr Sohn spielte die Eltern gegeneinander aus und war im Kindergarten immer wieder durch Schlägereien aufgefallen. Nach einem halben Jahr hatte sie sich leidlich stabilisiert und ich nahm an, dass es jetzt allmählich gelingen könnte, ihre Beziehungsthemen anzugehen. Stattdessen kam sie in die Gruppe und fragte zornig, warum ich ihr nicht gesagt hätte, dass sie und ihr Sohn an ADHS leiden würden. Seit sie das wüsste und mit einer Neurologin gesprochen habe, die ebenfalls an ADHS leide und ihr Medikamente verschrieben habe, ginge es ihr viel besser. Sie wisse jetzt, was mit ihr los sei und warum ihre Ehe schiefgegangen sei.

In der Gruppe entspann sich ein Konflikt, der abermals die zweischneidige Sehnsucht nach einer kränkungsfreien Welt veranschaulicht. Die Patientin forderte gebieterisch, alle Mitglieder der Gruppe sollten ein bestimmtes Buch lesen, in dem genau erklärt sei, um was es bei ADHS gehe, um richtig mit ihr zu kommunizieren. Ich versuchte zu vermitteln, konnte sie aber ebenso wenig erreichen wie die anderen Gruppenmitglieder. Die Fronten verhärteten sich; mein Vorschlag erreichte sie nicht, unterschiedliche Meinungen erst einmal auszuhalten. Es sei sicher leichter für sie, in einer Gruppe ADHS-Betroffener weiterzuarbeiten, aber sie werde auf jeden Fall gelegentlich gezwungen sein, sich auch mit anderen Positionen auseinanderzusetzen – warum das nicht hier üben?

Sie verließ die Therapie. Das Angebot, ebenso wie ihr Sohn einer Gruppe von »besonderen« Menschen anzugehören, die Probleme mit der Anpassung an die Ansprüche der modernen Gesellschaft hat, befreite diese Patientin von dem Druck, dem sie sich bisher ausgesetzt erlebte (und zu dessen Symbol auch die Therapiegruppe geworden war). Die Symbiose mit ihrem »schwierigen« Sohn, der ihr so viel Ärger machte, war wiederhergestellt; die Aggression richtete sich jetzt gegen die »Normalos«, die kein Verständnis für Menschen mit besonderen Bedürfnissen haben.

In der psychoanalytischen Tradition wird mitbedacht, dass ohne den Blick auf die Forderungen der Kultur psychische Auffälligkeiten nicht verstanden werden können. Ich erinnerte mich an einen afrikanischen Arzt, der angesichts der ADHS-Diagnosen in Europa sagte, bei ihm zu Hause seien alle Kinder so, aber niemand rege sich darüber auf. Das war wohl übertrieben, aber in einem afrikanischen Dorf erziehen (wie in Europa früher auch) nicht Eltern in kleinen Wohnungen ihre Kinder. Kinder leben, spielen und arbeiten den größten Teil ihres Alltags in einer Kindergruppe, in der Ältere die Jüngeren anleiten. Erwachsene greifen selten ein.

Die Entlastung meiner Patientin durch die ADHS-Diagnose und ihr Beharren, sich nur noch mit Menschen auszutauschen, die sie in diesem Punkt »verstehen«, signalisiert ein Unbehagen an einem Fortschritt, der Eltern unter Druck setzt, die Impulse ihrer Kinder zu kontrollieren. Die Belastung des Selbstgefühls war in diesem Fall so groß, dass sie die Begegnung mit anderen Männern und Frauen, die es in diesem Punkt leichter hatten, nicht ertragen konnte. Sie fühlte sich nur unter Menschen mit ADHS noch wohl und sicher.

Unzweifelhaft sind Krankheiten die bei Weitem ärgste Barriere auf dem Weg zum Glück. »Vor allem Gesundheit« steht in den Glückwunschformeln, bis hin zum radikalen »Gesundheit ist nicht alles, aber ohne Gesundheit ist alles nichts!«. Wo Schmerz herrscht, ergreift das Glück die Flucht, das betonte bereits Epikur. »Ich möchte es lieber nicht so genau wissen!« – mit diesem Satz werden Vorsorgeuntersuchungen manchmal abgewehrt. An sich sind Glück und Wissen selten gute Freunde. Glücklich ist, wer vergisst, was doch nicht zu ändern ist.[25]

So mutet es paradox an, wenn Personen behaupten, sie seien durch die Kenntnis einer Krankheit glücklicher geworden. Es gibt eine Reihe von Diagnosen, die diesen Effekt haben und die auch deshalb besonders beliebt sind. So haben die Nervenärzte die Diagnose *Burnout* nur zögerlich übernommen. Sie wären lieber bei der längst nicht so eindrucksvollen *Erschöpfungsdepression* geblieben. Andere Diagnosen, die gerne angenommen werden, sind das posttraumatische Stresssyndrom, die Borderline-Störung, die multiple Persönlichkeit und der hochfunktionale Autismus beziehungsweise das Asperger-Syndrom.

In Randbereichen des Gesundheitssystems gewinnt der Diagnose-Begriff eine eigenartige Qualität. Primär bündelt er Zeichen (Symptome) und erweist seine Brauchbarkeit durch Einsichten in Ätiologie (Ursachen), Behandlung (Erfolgsaussicht einer Therapie) und Prognose (Verlauf der Symptome). Die meisten Diagnosen aus dem Feld der Psychiatrie und Psychotherapie erfüllen diese Kriterien nicht, sodass man dem Psychiatrie-Kritiker Szasz nicht widersprechen kann, der sie »moderne Mythen« nennt.

Das Krankheitsbild der Tuberkulose ist vielgestaltig: Die Lunge, aber auch der Kehlkopf oder das Rückenmark können betroffen sein. Immer aber ist die Ätiologie fassbar: der bakterielle Erreger, den Robert Koch entdeckt hat. Das Krankheitsbild einer Psychose oder Neurose ist ebenfalls vielgestaltig, aber es findet sich kein Erreger, nur eine in ihrer Bedeutung nicht fassbare Disposition. Diese gibt es bei nichtmythischen Diagnosen ebenfalls: Wenn Großeltern oder Eltern eines Patienten Tuberkulose hatten, ist die Erkrankungswahrscheinlichkeit deutlich höher.

Bei den »mythischen« Diagnosen gewinnt der disponierende Faktor nach dem schrägen Motto »Not kennt kein Gebot« die Qualität einer Ursache. Ob ADHS, Depression, Schizophrenie oder Autismus – in allen populären Darstellungen wird der Glaube genährt, sie seien durch Erbanlagen *verursacht*. Das ist falsch, aber praktisch, denn für meine Erbanlagen »kann ich nichts« und darf mich davon befreien, eine Abweichung von der Norm als Versagen zu sehen und sie mit Schuldgefühlen zu erleben.

Jede Diagnose ist zweischneidig: Sie entlastet, weil ich jetzt meine Normabweichung erklären und Hilfe beanspruchen kann; sie belastet, wenn diese Hilfe mit Nebenwirkungen belastet ist. Sie macht es schwerer, sich zugehörig zu fühlen, und kann an Gruppen binden, die sich gegen eine »verständnislose« Majorität abgrenzen.

Wenn mich eine solche Gruppe oder ein Psychiater dazu bringt, mich zu »outen«, bin ich von dem Gefühl befreit, vereinzelt zu sein und habe Rückhalt gefunden, aber ich verliere auch die Möglichkeit, selbst zu kontrollieren, wem gegenüber und wann ich auffallen möchte und wann nicht. Wenn meine Diagnose mit dem Modell der Erblichkeit verbunden ist, kann sie alle Glücksmöglichkeiten beschädigen, die mit eigenen Kindern zusammenhängen. Normabweichungen wecken Aggressionen und Ängste. Wer nicht jederzeit im Schwarm untertauchen kann, weil er »anders« ist, den belasten auch mehr Ängste und Aggressionen.

Glücksgefühle durch die endlich gefundene »richtige« Diagnose hängen mit dem Eintauchen in eine Gruppe zusammen, die sich gegen eine Gesellschaft wendet, deren Verständnislosigkeit als Ursache des Unglücks identifiziert wird. Eine Psychologin schildert in einem Internetforum, wie sie im Alter von fünfzig Jahren entdeckt hat, dass sie selbst an einem hochfunktionalen Autismus leidet. Sie findet inzwischen diese Störung überall in ihrer Verwandtschaft und empört sich gegen Lehrer, Dozenten und Kolleginnen, die bisher nichts von ihrer »Neurodiversität« bemerkt haben.

Böse Überraschungen warten auf Leichtgläubige, die sich unbedacht einer solchen Ideologie anschließen. Wer die Ambivalenz solcher Zuschreibungen übersieht, leugnet auch ihre Gefahren. Wenn ich von allen Menschen als Individuum mit Stärken und Schwächen wahrgenommen und »normal« behandelt werden will, darf ich eben nicht das Privileg beanspruchen, von »normalen« Zumutungen verschont zu werden. Wer Schonung beansprucht, verliert Chancen. In aller Regel wird durch Selbst-Etikettierungen mit medizinischem Hintergrund nicht das Glück der Diagnostizierten vermehrt, sie werden allenfalls mit Instrumenten ausgerüstet, sich das eigene Unglück zu erklären und Schuldige anzuklagen.

Nur am Rande gehören auch Diagnosen in diesen Kontext, mit denen nicht die Diagnostizierten, sondern die Diagnostiker sich etwas mehr Glück verschaffen oder doch ihren Anteil an einem gemeinsamen Unglück mindern möchten. Ich beziehe mich auf die in psychologisch informierten Zeiten nicht untypische Situation, dass Ehepartner einander mit Diagnosen traktieren. Besonders beliebt, wenn auch etwas veraltet, ist »hysterisch« für Frauen, aktueller »narzisstisch« für Männer; elaborierter ist die »Borderline-Persönlichkeit«. Passende Verhaltensauffälligkeiten werden berichtet, manchmal auch Fotos gezeigt, von einer chaotischen Küche – das Messiesyndrom – oder von einer mit Schimpfworten besprühten Wand.

In den Ethikrichtlinien von Medizinern und Psychologen wird nicht ohne Grund von der (diagnostischen) Behandlung naher

Angehöriger abgeraten. In einer Paartherapie gelingt es meist, die Partner zu überzeugen, dass gute Beziehungen auf Wärme und Empathie beruhen, während psychiatrische Diagnosen vor allem versprechen, sich Menschen vom Leib zu halten, indem sie und ihre Symptome objektiviert werden. Jeder Diagnostiker, der nicht ausdrücklich zu einem Urteil aufgefordert ist, begeht einen Übergriff und beansprucht ein Plus an Macht, das dem Gedeihen einer Beziehung im Weg steht.

Wie unbedacht da oft auch von akademisch gerüsteten Ehepartnern und Partnerinnen vorgegangen wird, lässt sich an dem Kontext der »Diagnosen« ablesen. Während im Fachgebiet die Diagnose einzig und allein als erste Orientierung für einen therapeutischen Prozess dient, soll die im Streit vorgetragene Diagnose wie ein Zauberspruch wirken. Sie müsste im Gegenüber eben die Kräfte hin zu Veränderung und Einsicht wecken, die sie ihm in ihrer Beschreibung seines defizitären Zustandes abspricht.

Während in einer professionellen medizinischen Behandlung der Erfolg beispielsweise einer chirurgischen Operation die Diagnose bestätigt, wird in einer gelingenden psychoanalytischen Behandlung der Erfolg eher darin liegen, dass die Diagnose bedeutungslos wird. Der therapeutische Prozess führt zu einer Entwicklung, deren Ausgang keinem vorgegebenen Schema entspricht. Die Ergänzungsreihe von genetischen Einflüssen und frühen Identifizierungen entfaltet sich in der therapeutischen Beziehung. Je nach der Macht von Fixierungen und den Ressourcen der Beteiligten wird es möglich, Symptome zu verstehen und auch aufzugeben, wenn die Kräfte dafür ausreichen.

Was ein therapeutischer Prozess in dem künstlichen Arrangement der psychoanalytischen Situation mit Mühe und in Unsicherheit erreicht, sollte in einer Liebesbeziehung von Anfang an selbstverständlich sein: Wir diagnostizieren uns nicht, wir unterstützen uns. Wir wenden uns gemeinsam gegen den Druck einer Leistungswelt, die nur optimierte Bürger und Bürgerinnen duldet. Denn das ist der zentrale Unterschied zwischen dem frühen Unbehagen, das Sigmund Freud unter dem Druck der viktorianischen Kultur empfand, und dem Leid, das sich heute in Paaren und Familien abspielt: Forderung und im Fall des Versagens Vorwurf haben die schlichte Unterdrückung ersetzt.

*Kapitel 7*

# Das beschwerte Familienglück

Konkurrenzen zwischen dem spirituellen Ideal und der kapitalistischen Praxis enden eigentlich immer mit dem Sieg des Kapitalismus, obwohl doch das Erhabene auf den ersten Blick mächtiger scheint. Wir mögen das geistige Vermögen als unser höchstes Gut ansehen, aber behandeln tun wir es ganz anders. In rasanter Geschwindigkeit verbreitet sich mit dem technischen Fortschritt eine verstörende Entspiritualisierung.

Der menschliche Geist muss sich üben, in diesem Punkt sind sich Dichter, Philosophen und Mystiker einig. In der modernen Konsumgesellschaft aber werden die höchsten geistigen Leistungen von Ingenieuren und anderen Kreativen in Produkte investiert, deren Ziel es ist, dem Konsumenten *Übung zu ersparen*. Überall beobachten wir eine geradezu fanatische Bemühung, dem Nutzer das Denken abzunehmen und ihn durch Komfort zu verwöhnen. Die Tragweite dieser Entwicklung lässt sich in ihrem ganzen Umfang noch nicht erkennen, aber ihre Folgen sind in einzelnen Veränderungen bereits nachweisbar.[26]

Automaten, die in Sekundenschnelle komplexe Tätigkeiten für uns erledigen, schaffen Abhängigkeiten. Auch menschliche Beziehungen werden in einer Welt, die von Apparaten geprägt ist, durch die Steuerung von Funktionen reguliert. Wir leben in dem Luxus einer von Sklaven getragenen Gesellschaft, nur dass diese Sklaven keine Menschen mehr sind, sondern Geräte. Treffen die so geformten Erwartungen eines absoluten, maschinellen Funktionierens auf reale Personen, leiden nicht nur die Erwartungen, sondern auch alle Beteiligten.

Dazu einige Beispiele aus meiner Konfliktarbeit mit Paaren: Der 55-jährige, sportlich gekleidete und durchtrainierte Ehemann bringt zu unserem Treffen ein 20-seitiges Skript mit, in dem er minutiös die Fehler seiner Ehefrau aufgelistet hat. Sie ist unzuverlässig, vergisst, ein Kind vom Hort abzuholen, lässt Türen offenstehen, räumt nicht auf. Er muss seine Arbeit unterbrechen, um die Nachlässigkeit seiner Frau gutzumachen.

Er hat ihr teure Geschenke gekauft, ist mit ihr shoppen gegangen, hat ihr eine Kreditkarte gegeben und nicht auf das Geld geschaut, wenn sie einen Urlaub im Fünfsternehotel buchte, obwohl er in der Vergangenheit stets in einfachen Pensionen übernachtet hatte und größte Freude hatte, jeden Tag auf einen anderen Berg zu steigen. Dennoch hat sie ihn betrogen und will sich scheiden lassen. Sie sagt, sie habe neben ihm die Lebensfreude verloren, kann ihm aber nicht erklären, was er tun kann, um sie ihr zurückzugeben.

Die ersten Jahre seien harmonisch gewesen. Erst nach der Geburt des Sohnes störte ihn ihre »Freizeitorientierung«. Daher habe er kein zweites Kind gewollt, sie habe ihn dazu überredet. Und wie von ihm vorausgesehen, leide die Familie seither noch weit mehr darunter, dass die Mutter nachlässig sei. Als er versucht habe, ihr das zu erklären, sei sie wütend geworden und habe ihn angeschrien, er nehme ihr die Luft zum Atmen.

Der Ehemann in dem zweiten Paarkonflikt ist etwas jünger. Seine Frau habe ihn geschickt, sie sei Heilpraktikerin für Psychotherapie, verdiene weniger, als sie für Fortbildungen ausgebe, sei aber eine großartige Frau und Mutter, er liebe sie über alles. Sie rede ihm schon lange zu, auch einmal eine Therapie zu machen; er aber finde es sinnlos, in der Vergangenheit herumzuwühlen, er sei ein positiver Mensch und blicke nur nach vorne. Wenn er sich jetzt entschlossen habe, einen Versuch zu machen, liege es an einer beruflichen Krise. Er sei nicht befördert worden und habe in einer schwachen Stunde seiner Frau gesagt, wenn das noch einmal passiere, sei Schluss. Er habe sich nicht viel dabei gedacht, aber vielleicht sei etwas dran an dem, was seine Frau behaupte: Er sei depressiv. Er erlebe das nicht so, er habe diese berufliche Sache weggesteckt, die habe nichts mit ihm zu tun, das war Unternehmenspolitik, der Vorstand sei weggemobbt worden, der sein Projekt unterstützt habe.

Vor der ersten Schwangerschaft sei seine Frau auch Managerin gewesen, mindestens so erfolgreich wie er. Warum sie sich jetzt mit Psychologie beschäftige, habe er nie verstanden, aber er halte sich inzwischen sehr mit seiner Kritik zurück, obwohl ihm das Geld, sein Geld, nach wie vor leidtue. Sie habe gesagt, wenn er nicht aufhöre, an dem herumzunörgeln, was ihr viel bedeute, werde sie sich trennen. Auch sexuell sei sie früher viel zugänglicher gewesen, jetzt wolle sie oft am Abend noch lesen, habe vorgeschlagen, getrennt zu schlafen. Er habe danach angefangen, für Marathonläufe zu trainieren, jetzt sei auch er oft zu müde für Sex, sie habe sich aber noch nie beklagt. Es sei ein gutes Gefühl, dass er mit über vierzig noch ausdauernder laufe als viele Jüngere.

Solange beide Partner berufstätig sind und nur ihre Freizeit zusammen verbringen, ist die Beziehung harmonisch und liebevoll – die perfekte Grundlage, um eine Familie zu gründen. Sobald das letzte Kind geboren ist, löst sich diese Harmonie auf, mit ihr meist auch die Erotik, oft auch die frühere Wertschätzung, die Partner kritisieren einander und entdecken in ihrem Gegenüber die Ursache, dass die Familie nicht funktioniert.

Wer im Internet nach modernen Eheversprechen forscht, findet viele Entwürfe, deren symbiotische Schwärmerei weit hinausgeht über das klassische »Ich nehme dich zu meine(m/r) angetrauten Mann (Frau), ich will dich lieben, achten und ehren alle Tage meines Lebens, in guten und in schlechten Zeiten, in Gesundheit und Krankheit«. Etwa so: »Ich verspreche dir, für mich werden deine Träume immer das Wichtigste sein, dein Lächeln das Schönste und deine Augen das Tiefste, in das ich jemals blicken werde. Ich liebe dich.« Während das klassische Eheversprechen immerhin den Vorsatz enthält, mit der Wechselhaftigkeit des Schicksals umzugehen, beschwört die schwärmerische Kultur der »persönlichen« Eheversprechen die Dauerhaftigkeit einer symbiotischen Idealisierung, gefüllt mit unaufhörlicher Priorität des Fantastischen (»deine Träume werden immer das Wichtigste sein«).

Es ist ein billiges Vergnügen, über derlei Schwärmerisches im Jahr 2022 zu spotten. Es wäre auch völlig überflüssig, wenn die im Augenblick der Enttäuschung mobilisierte Wut es den Paaren nicht gar so schwer machen würde, beim Absturz nach dem Höhenflug rechtzeitig den Fallschirm zu öffnen. Das Dilemma in der intimen Regulierung unseres Lebens wurzelt in der Spaltung des modernen Lebens in Arbeit und »Freizeit«.

Diese selbstverständlich gewordene Differenz ist historisch völlig neuartig. Wir haben den Paradiesmythos in den Alltag integriert. Dieser behauptet ja, dass der Mensch sich durch Übermut aus einem »paradiesischen« Zustand vertrieben hat, in dem es nicht einmal den Gedanken an Arbeit gab, während er jetzt in einem Zustand lebt, der nur noch Arbeit kennt.

Der moderne Berufstätige wünscht sich in seiner Freizeit »quality time«. Es soll »schön« sein; die oben angeführten Ehegelöbnisse stehen für die Sehnsucht nach einem paradiesischen Beziehungs-Dauerzustand, der wie das biblische Paradies grundsätzlich unendlich und unbegrenzt zu sein hat – bis irgendwann die Selbstvertreibung einsetzt, wenn das Paar die Schwangerschaft wagt und damit einen intensiven und erst einmal unentrinnbaren Einbruch von Arbeit in den bisherigen Freizeitraum einleitet.

Eine von Humor getragene Beziehung, in der große Worte und heiliggesprochene Werte von Anfang an mit Abstand betrachtet werden, kann diesen Umbruch aushalten (nicht ohne Mühe). Aber eine Beziehung, in der sich die Akteure sozusagen selbst heiliggesprochen haben, verkraftet den Bruch nicht. Das bisher in der Berufsarbeit gefestigte Selbstgefühl löst sich unter dem

Anprall der kreatürlichen Bedürftigkeit des Babys auf. Was das Freizeitpaar glücklich gemacht hat und zwei berufstätigen Individuen Halt gab, hat seinen Raum verloren. Wehe dem Paar, das nicht von dem Schwur Abstand nehmen kann, genau die zu bleiben, die sie waren!

Vorgesetzte im Beruf mögen manchmal ekelhaft sein, aber es gibt regelmäßige Arbeitszeiten und rational fassbare Kriterien von Erfolg und Misserfolg. Beides schwindet dahin, wenn ein Baby der Chef ist. Die Eltern müssen zu einem gemeinsamen Funktionieren finden. Und auf einmal steht der Liebesanspruch im Weg. Verhandlungen über die Verteilung der Babyarbeit können ohne ein Bekenntnis zum eigenen Egoismus nicht geführt werden; eben das verhindert aber das Gespenst der verhallten Liebesschwüre.

Wenn sich das bisher in der Arbeit getrennte, in der Freizeit vereinte Paar im Geist der Liebesschwüre abgesprochen hat, nagt der Alltag an dem Kompromiss. Er sehnt sich nach dem Glanz der Geliebten, nach Freizeit, nach Erotik. Sie braucht einen Partner, der sie ablöst. Ein Mann, der auf dem Heimweg noch ganz entspannt war, wird plötzlich todmüde, beschreibt seine Arbeit als erschöpfende Maloche, während die Frau ihn glühend darum beneidet, dass er im Büro seine Tätigkeiten selbst bestimmen kann, während sie von seiner Majestät, dem Baby, kommandiert wird.

Der Mann hat seine Kollegen, die mit ihm Erwachsenengespräche führen. Die moderne Hausfrau muss den Neid auf die Privilegien ihres Mannes ebenso verdrängen wie ihre Wut, wenn er nicht versäumt, darauf hinzuweisen, dass er ja alles bezahlt und sich nicht vorstellen kann, dass eine Mutter von einem Baby total erschöpft ist, seine Mutter hat vier Kinder großgezogen und sich nie beschwert.

Endlich fügt sich der Mann murrend, dass er seine Freizeit entweder allein gestalten oder der Entlastung seiner Frau widmen muss. Das Baby lässt sich nicht von ihm, nur von der Mama beruhigen; was bleibt, sind staubsaugen und das Einräumen der

Spülmaschine. Er zerbricht einen Teller und bestellt im Internet einen Saugroboter.

Kinder, die in eine Ehe mit einer Hausfrau hineingeboren werden, wollen oft das Schicksal ihrer Mutter nicht wiederholen. Ist es nicht gerechter, wenn sich beide Eltern Kinder- wie Erwerbsarbeit teilen? Dieses Modell kann dazu führen, dass die Familie taylorisiert wird. Die Eltern sehen einander nicht mehr als erotische Objekte, sondern als Mitarbeiter. Ein Paar, das die Familie nach dem ersten Kind so organisiert hat, suchte einmal bei mir Hilfe: Beide hatten sich ursprünglich mehrere Kinder gewünscht, jetzt zögert sie, weil sie sich von ihrem Partner ständig in ihrer mangelnden Effizienz in Haushalt und Erziehung getadelt fühlt. »Wenn ich schon mit einem Kind nicht so umgehen kann, dass mein Mann zufrieden ist, wie soll das mit zwei Kindern klappen?«

Karl ist ein erfolgreicher Unternehmer, höchst korrekt, kundenorientiert; seine beiden Kinder gehen in eine alternative Schule, seine Frau Sabine ist Lehrerin und wieder berufstätig, seit das jüngere Kind, ein Mädchen, zur Schule geht. Oft ist die Beziehung zwischen den Eltern sehr angespannt: Sabine findet ihren Mann verschlossen und kalt; Karl ärgert sich chronisch darüber, dass Sabine so unüberlegt drauflosredet. Wenn sie weint, fühlt er sich durch ihre Tränen erpresst. In der Paartherapie ist die immense Spannung in dem großen, breitschultrigen Mann unübersehbar – er liebe seine Frau, aber er könne sie oft nicht ertragen.

Allmählich wird deutlich, dass Karl sehr isoliert ist. Er hat seine Kindheit vergessen, widerwillig gibt er Bruchstücke preis: der Vater ehrgeizig und streng, die Mutter jammerig und labil – sie klagt beim Vater über eine kindliche Untat; der Vater holt wortlos den schlafenden Sohn aus dem Bett und legt ihn übers Knie. »Ich blicke nur nach vorne«, sagt Karl. Er halte nichts von Therapie, hätte nur gerne ein Mittel gegen seine cholerischen Ausbrüche, er schreie die Kinder und Sabine an, nachher tue es ihm leid, er könne dann nur allein sein, nur noch das Notwendige reden, es dauere ein paar Tage. Sabine sei ihm lästig, wenn sie sich versöhnen wolle, er wisse, das sei nicht richtig, er könne aber nicht anders. Wohl fühle er sich in der Arbeit, Dinge voranbringen, und im Sport.

Man könnte eine Karte dafür zeichnen, wo sich in Familien wie den drei geschilderten die Männer wohl fühlen: dort, wo es um Aktion geht, um fassbare Dinge, um Aufgaben, die erkannt und erledigt werden können, die klare Grenzen haben und den Gesetzen der Physik gehorchen.

Oft nennen Frauen diese Männer »gefühllos«, inzwischen, psychologisch aufgeklärt, auch »narzisstisch«. Beides trifft nicht zu; die Gefühle sind nur anders organisiert, als es die Partnerinnen erwarten. Sie verweilen nicht bei inneren Zuständen, sondern prüfen sofort, ob sich aus dem Gefühl eine Handlung ergibt oder umgekehrt das Gefühl unterdrückt werden muss, um ein Handlungsziel zu erreichen.

Dieses Vorgehen beruht auf ihrer Leistungsfixierung. Der Marathonläufer muss stundenlang das Bedürfnis unterdrücken, sich auszuruhen, auch wenn ihn die Muskeln schmerzen und die Lunge sticht. Ihn beherrscht die Angst, sich einem kreatürlichen Bedürfnis hinzugeben. Das hieße, zu dem Zustand des Kindes zurückzukehren, das sofort reagiert, wenn ihm etwas weh tut, und über den Schmerz Kontakt zu der Bezugsperson aufnimmt, die ihn lindern soll.

Karl ist nicht allergisch gegen Weinen schlechthin. Wenn eines seiner Kinder hingefallen ist, hebt er es auf und tröstet. Aber die Tränen seiner Frau hat in seinem Erleben er »gemacht«, daher erlebt er sie auch als »Erpressung«.

Je höher die Erwartungen an die eigene, souveräne Leistungsfähigkeit sind, je intensiver sie bewiesen werden müssen, desto bedrohlicher sind auch Zustände des Versagens, der Schwäche. Der »innere Schweinehund«, die kreatürliche Angst vor Schmerz, wird nicht durch Vernunft gebändigt, sondern durch eine mächtigere Angst: die vor dem Verlust des so mühsam erreichten Funktionsniveaus. Alle drei geschilderten Männer lehnen zwar eine Beschäftigung mit ihrer Geschichte, vor allem ihrem kindlichen Erleben und den damals verinnerlichten Strukturen, als unproduktive Zeitverschwendung ab, sie gestehen aber ein seelisches »Problem«, das sie gerne lösen würden: die Wutausbrüche oder die Entfremdung angesichts des Versagens vor Leistungsansprüchen. Das führt zu Aussagen wie dieser:

> Neulich kam mein Sohn zehn Minuten zu spät zu einer Verabredung. Ich habe ihn angeschrien und fertiggemacht, und er hatte gar keine Zeit, sich zu erklären. Nachher tut mir das leid, und ich finde es schrecklich, dass ich mich so gehen lasse. Wenn Sie dagegen ein sicheres Mittel haben, lasse ich mit mir über eine Therapie reden!

Menschen sind keine Maschinen. Wenn sie sich aber dem technischen Ideal unterwerfen, wird nur der Raum als sicher erlebt, in dem die erwarteten Funktionen auch genauso ablaufen, wie es die definierten Ziele gebieten. Daher gibt es auch keine kleinen Probleme, sondern nur drohende Katastrophen: die harmlose Unpünktlichkeit wird mit Affekten bekämpft, die angesichts einer echten Gefahr angemessen wären.

## Familienbeziehung als Tauschgeschäft

Vor Jahren habe ich bei einem Trödler zwei Hinterglasbilder erstanden, wie sie um 1880 von reisenden Händlern zur Weihnachtszeit als Wandschmuck verkauft wurden. Sie stehen für das Zusammentreffen der Beschwörung einer biedermeierlichen Idylle mit industrieller Massenproduktion und signalisieren das Bedürfnis einer ins Bürgerliche strebenden Schicht nach sprechendem Schmuck für bisher kahle Wände.

Zwei Engel sind zu sehen, einer hält ein Notenbuch, der andere einen kleinen Weihnachtsbaum. Die Schrift ist Fraktur, mit Silber unterlegt: »WENN DU NOCH einen VATER hast, so halte ihn recht HOCH IN EHREN.« Ich gebe hier durch Versalien die besonders groß gedruckten Worte wieder. Das Pendant: »WENN DU NOCH eine MUTTER hast, so danke Gott UND SEI ZUFRIEDEN.«

Die zweite Hälfte des 19. Jahrhunderts war eine Zeit großer Widersprüche, voll manischem Fortschrittsoptimismus und tiefem Zweifel, ob in der rasanten Entfaltung der Industrie nicht alle bisher für erhaben und unzerstörbar gehaltenen Werte untergehen würden. Während solche Bilder an getünchten oder tapezierten Wänden funkelten, dachte in Wien Freud über die dunklen Geheimnisse der familiären Idylle nach, der es nicht gelingt, Sexualität und Aggression zu bändigen.

Durch Ingenieurskunst lässt sich der Wunsch nach einer heilen Familienwelt für leere Wände vervielfältigen. Die frommen Sprüche kämpfen gegen eine Krise, die mit den Folgen einer wachsenden Normierung der emotionalen Beziehungen zusammenhängt. Freud spricht von einer »dicken Schicht Lügengewebe«, mit denen seine Zeitgenossen die Macht der sexuellen Triebe bemänteln. Sein Konzept von Liebe und Glück ist tragisch, nicht moralisierend oder gar erhaben. Es sei alles andere als gewiss, dass der (Kultur-)Fortschritt unser Liebes- und Familienglück zu fördern imstande ist.

In den familienfrommen Sprüchen meiner Wandbehänge wird das Glück zwischen Eltern und Kindern von einer schlichten Voraussetzung bestimmt: Wir freuen uns, dass wir überhaupt leben, dass die jüngere Generation noch über eine ältere verfügt – »Wenn du noch Vater/Mutter hast!« Mehr als die pure Existenz braucht es nicht, um Ehre und Dankbarkeit zu generieren.

In Freuds Krankengeschichten bleiben die Eltern unangetastet. Krasse Erziehungsfehler werden nicht kommentiert, sondern wie Naturphänomene hingenommen. Auch in seiner analytischen Methodik reflektiert Freud autoritäre Positionen eher selten, obwohl er sich in den Bemerkungen über »wilde« Psychoanalyse gegen sie ausspricht.

Bald darauf aber leistet die Psychoanalyse einen wichtigen Beitrag zu den sozialen Bewegungen, die sich mit dem Schlagwort vom »Jahrhundert des Kindes« zusammenfassen lassen. Freuds

Tochter Anna und ihre große Rivalin Melanie Klein entfalten den kritischen Blick auf die Eltern. Der antiautoritäre, triebfreundliche Geist der frühen Psychoanalyse wird zwar noch einmal durch den Neo-Autoritarismus der faschistischen und nationalsozialistischen Militarisierungen im Westen und des Stalinismus im Osten unterdrückt, aber der grundlegende Wandel des pädagogischen Ideals ist nicht mehr aufzuhalten.

Während bisher die Eltern forderten und notfalls züchtigten, werden es mehr und mehr die Kinder, vertreten durch psychologische und pädagogische Experten, die angemessene Eltern verlangen. Das archaische Familienglück, zusammen lebendig zu sein, weicht einer Optimierung der Elternschaft: Von Glück und Zufriedenheit der Kinder wird wie von einem Seismografen abgelesen, ob das Familiengebäude ordentlich errichtet wurde und die Eltern nicht an der dazu nötigen Mühe gespart haben.

In der hoch entwickelten Industriegesellschaft hat sich nicht nur der Leistungsdruck insgesamt gesteigert, er setzt auch früher ein und hört später auf. Dazu tritt etwas wie Genuss- oder Freizeitdruck. Hunger ist nicht mehr der beste Koch, die Abwesenheit von Schlägen gesetzlicher Anspruch, nicht Anlass für Entspannung und Wohlgefühl. Insgesamt ist es erheblich leichter, Glücksgefühle zu ernten, wenn das Leben hart ist, wie in dem Grimm'schen Märchen vom Krautesel mit den Möglichkeiten: Dreimal Schläge, einmal zu fressen, dreimal zu fressen, einmal Schläge oder dreimal zu fressen, keine Schläge.

Wer solche Veränderungen reflektiert und auf diesem Weg zu klären sucht, wie viel komplizierter es in der modernen Familie mit den Glücksgefühlen geworden ist, hat es nicht leicht. Ihm wird gesagt, nur ein verkappter Sadist oder Faschist könne sich in eine Welt zurückwünschen, in der Schläge ebenso normal sind wie Fressen. Das ist richtig und falsch zugleich; es belegt vor allem, wie eng der Raum geworden ist, in dem wir heute über Glück nachdenken dürfen. Es wäre grausam, in eine von Armut und Gewalt bestimmte Welt zurückzukehren; niemand kann das ernsthaft wollen. Es ist aber engstirnig, den Gedanken zu verbieten, dass sich Glück aus Kontrasterfahrungen speist und uns deshalb jeder Schritt zu einem komfortablen Leben elementare Glückserfahrungen raubt. Wer in einem schlecht heizbaren, zugigen und finsteren Loch haust, wird in einem hellen, geheizten und winddichten Raum überglücklich sein – bis er sich an dieses Leben gewöhnt hat.

Das aus solchen Kontrasten gewonnene Glück hat bereits Platon kritisch gesehen; im *Gorgias* lässt er Sokrates Kallikles mit dem Hinweis herausfordern, dass demnach Krätze glücklich macht, weil wir uns durch Kratzen Lust verschaffen können.[27] Platon erläutert etwas abstrakt, dass die Glücksmöglichkeiten im Ersatz von etwas Schlechtem durch Besseres begrenzt sind, während die Freude am Schönen und Guten unendlich ist. Heute sind sich Philosophen und Psychologen weitgehend einig, dass nicht Komfort und materieller Erfolg den Menschen glücklich machen, sondern Beziehungen, Liebe, Freundschaft und Selbstwirksamkeit.

*Jetzt mach doch endlich mal das Ding aus!* ist der Titel eines Buches, das Tilmann Prüfer, Vater von vier Töchtern, 2020 veröffentlicht hat.[28] Es geht um den hilflosen, allein durch Ironie erträglichen Kampf gegen eine hoch begehrte Technologie. Sie beeinträchtigt die Aufmerksamkeit des Menschen für den Menschen nicht durch Askese, wie sie Eremiten, Nonnen und Mönche pflegen, sondern durch eine Flut des überoptimal Sozialen.

Wie sollen wir Kinder davon abbringen, wie gefesselt an ihren Bildschirmen zu hängen, wenn wir selbst uns nur mit Mühe von diesem Angebot losreißen können? Wo bleibt der soziale Hunger, der ein guter Koch wäre, wenn auf dem Bildschirm mehr und interessantere Menschen verfügbar sind, ausgerüstet mit dem immensen Vorzug, dass wir sie wegwischen können, sobald sie beginnen, uns zu langweilen?

Es geht Homo sapiens seit Menschengedenken nicht nur darum, seinesgleichen spielen zu sehen und sich dessen zu erfreuen, es geht ihm auch darum, selbst zu spielen, selbst wirksam zu sein. Wer ein nicht eingeschüchtertes dreijähriges Kind zum Zeugen handwerklicher Tätigkeit macht, wird bald seine liebe Not haben, Werkzeug und Material vor dem unersättlichen Bedürfnis des Kleinen zu retten, selbstwirksam zu sein, Messer oder Schere, Nadel oder Kochlöffel in die Hand zu kriegen und zu einer mehr oder weniger gelingenden Kopie der Tätigkeit des Vorbildes anzusetzen.

Diese Bedürfnisse disziplinieren sich in der erlebten Wirklichkeit von selbst: Wenn eine Gruppe mit einem Ball spielt, kann immer nur einer den Ball haben; die anderen müssen sich entweder gedulden oder sich besondere Mühe geben, dem Ballbesitzer diesen abzujagen. Diese heilsame Übung in Geduld und Einsatz wird dem Nutzer der Bildschirmspiele erspart: Selbstwirksamkeit ist hier unablässig und grenzenlos zu haben. Kein Wunder, dass es Spielsüchtige gibt.

Eine Familie verspricht Geborgenheit, sie hat aber auch einen Erziehungs- und Versorgungsauftrag. Wenn alle gesund sind und ihre Rollen halten, kann das gelingen. Aber je komfortabler die Möglichkeiten der Eltern sind, in der frühen Kindheit die Bedürfnisse der nächsten Generation zu erfüllen, desto größer ist auch die Gefahr, dass die Familie angesichts der Entwicklungsaufgaben in Pubertät und Adoleszenz versagt.

Wenn Eltern ihren zentralen Auftrag darin sehen, ihr Kind in einem dauernden Glückszustand zu halten, tun sie den ersten Schritt auf einem gefährlichen Weg. Wenn sie beginnen, sich vor den Unglücksäußerungen ihrer Kinder regelrecht zu fürchten, können sie diesen Weg nicht mehr rechtzeitig verlassen; das Ergebnis sind dann nicht selten unglückliche Eltern unglücklicher Kinder.

Solange die Bedürfnisse des Kindes auf die Eltern bezogen sind und von diesen erfüllt werden können, lässt sich eine Kunstwelt notdürftig erhalten, in der das Kind alles bekommt, was es begehrt. Es muss keinen Beitrag leisten, sich nicht anstrengen, nur wenige Versagungen verarbeiten; wenn es Streit mit den Nachbarskindern gibt, läutet schon einmal ein besorgter Elternteil an fremden Türen und bittet, Mobbing zu unterlassen.

Wir machen uns kaum klar, wie absolut neuartig und auf die reichen Industriestaaten zugeschnitten diese Kindheit ist. In Jägerkulturen und bei traditionellen Ackerbauern sind Kinder nach ihren Kräften in die Tätigkeit der Familie einbezogen. Wenn Wasser geholt, Früchte gesammelt, Unkraut gejätet oder Ziegen gehütet werden, sind Kinder dabei, kleine an der Seite der Eltern, größere selbstständig, oft von den Kleineren begleitet. Es gibt die Aufgabe nicht, ein Kind mit Spielzeug, Süßigkeiten, Mitteln gegen Langeweile zu versorgen.

In den hoch entwickelten Gesellschaften trifft das Kind in der KiTa oder im Kindergarten auf andere Kinder und erlebt zum ersten Mal (vor allem, wenn es ohne Geschwister aufwächst), dass es nicht mehr im Mittelpunkt steht. Es ist eine Herausforderung, eine Prüfung, die darüber entscheidet, wie es in Zukunft mit dem Familienglück bestellt ist. Das Kind sollte sich außerhalb der Familie zurechtfinden und Freundschaften aufbauen, in denen es findet, was ihm die Eltern nicht geben können.

Wenn das nicht ausreichend gelingt, sind alle Beteiligten unglücklich, die Eltern, weil sie sich so viel Mühe gegeben haben, Geschenke gemacht, Nachhilfe bezahlt haben, ohne dass aus dem beglückten Kind ein zufriedener Erwachsener geworden ist, der Erwachsene, weil er sich von den Eltern betrogen fühlt. Sie haben ihm eine andere Welt versprochen als die, in der er nun seinen Platz finden muss. Es war eine Welt, in der er bewundert wurde, ohne dass er viel dafür tun musste, in der ihn eine Kritzelei zum talentierten Zeichner und ein passabel gespielter Sonatensatz zum Konzertpianisten gemacht haben.

Wer populäre Reflexionen über das Eltern-Kind-Verhältnis liest, etwa von Jan Weiler, Axel Hacke oder Tilmann Prüfer, entdeckt die selbstironische Preisgabe elterlicher Autorität, eine Koketterie, die nur vor den Ruinen des Patriarchats romantisch ausgeleuchtet werden kann. Vergleichbare Texte von Frauen gibt es kaum – womöglich sind sie zu nahe dran, machen sich zu viele Sorgen, um den Krisen des Familienglücks die Distanz des Lächelns abzuringen.

Nirgends wird die typische Spannung der Konsumgesellschaft zwischen Regression und Progression so fassbar, trifft sie so direkt ins Herz wie in den Familien. Das beginnt schon mit der eigentlich unversöhnlichen, meist nur notdürftig überbrückten Spannung zwischen der romantischen Liebe, dem symbiotischen Gründungsmythos der Familie, und den praktischen, sehr unromantischen Alltagsaufgaben der Versorgung des Babys. Dass die Geburt eines Kindes eine erotische Partnerschaft nicht stabilisiert, sondern infrage stellt, ist eine der am besten verleugnetsten Tatsachen der Gegenwart. Wurzelt doch das moderne Familienunglück in dem Bestreben, es unter erschwerten Rahmenbedingungen besser zu machen, als Frau und Mann es in ihren Ursprungsfamilien erlebt haben. Das gleicht dem Anspruch des Aufsichtsrates an den neuen CEO: Er soll Mitarbeiter entlassen, Kosten sparen und gleichzeitig die Produktivität steigern.

Hier sei zum Vergleich ein kleiner Ausflug zu einem physischen Leiden erlaubt: Die verbreiteten Schmerzen vom Typus »Tennisellenbogen« entstehen durch *unphysiologische* Bewegungen, die Muskeln, Sehnen und Nerven etwas abverlangen, wozu diese entweder nicht gemacht sind oder was sie nicht so leisten können, wie der Wille gebietet. Unphysiologisch ist es, kompetitiv Sport zu treiben, unter Zeitdruck am Fließband zu stehen, lange Zeit angespannt vor einem Bildschirm zu sitzen, einen Mauszeiger stundenlang zu bedienen. Homo sapiens ist bewegungsbegabt, er kann gehen, laufen, rennen, springen, auf einen Baum klettern, schwimmen und tauchen. Für einseitige Belastungen ist sein Organismus aber nicht geschaffen. Der Bildschirmarbeiter, der mit minimalen Bewegungen Informationen aufsaugt, Wesentliches herausfiltert und neue Informationen produziert, wäre als Auster besser dran: Auf einem Felsen sitzen, Meerwasser filtern, sich von Plankton nähren.

Genau wie es für das Verständnis von Bewegungsschmerzen wichtig ist, sich den physiologisch angemessenen Bewegungshabitus des Menschen zu vergegenwärtigen, verstehen wir auch pädagogische Probleme besser, wenn wir uns *erinnern*: An ein Leben, in dem Eltern so freundlich und großzügig sein konnten, wie es ihr Herz gebot. Sie konnten geben, was sie hatten, ohne sich Gedanken darüber zu machen, ob da nicht ein verwöhntes, gar süchtiges Geschöpf entstünde. Es wird geteilt, was da ist, und wenn nichts mehr da ist, gibt es auch nichts mehr zu teilen, alle machen sich auf die Suche, so ist das Leben! Eltern und Kinder haben in den guten Tagen zusammen Spaß und leiden zusammen in den schlechten; Eltern verweigern den Kindern nichts, um sie zu erziehen – es ist Mutter Natur persönlich, die das besorgt.

Ihr sind alle unterworfen und es wird schnell klar, wie wenig Menschen gegen sie ausrichten können. Natürlich geht auch unter Steinzeitbedingungen nicht alles nach Lust und Unlust; es braucht auch Kenntnisse über richtig und falsch, um Beute zu machen oder essbare Pflanzen von giftigen zu unterscheiden. Aber die Welt ist für alle gleich, und was richtig ist, leuchtet ein. Das hat sich radikal geändert.

Ein Beispiel: Ein Fünfzigjähriger sucht Hilfe. Er lebt mit Frau und Kindern in einem schönen Haus. Aber er fühlt sich erschöpft, unglücklich und vor allem unverstanden. Die Mutter des 19-jährigen Sohns sabotiert seine Bemühungen, diesen zu erziehen. Wenn Steffen wieder einmal beim Schwarzfahren ertappt wird, zahlt die Mutter den Strafbefehl gegen das ausdrückliche Verbot des Vaters. *Sie verwöhnt den Jungen nach Strich und Faden.* Der Vater berichtet: »Steffen wollte mit Freunden feiern, in der Hütte im Gebirge, die wir gemietet haben. Ich hab zwei Kästen Bier gekauft und ihm geholfen, die ins Auto zu laden. Als er heimkam, habe ich nach dem Leergut gefragt. Ich musste ihm erklären, was das ist! Sie haben die Kästen in den Müll geworfen.«

Steffens Vater besitzt einige Mietshäuser, die er verwaltet, die Familie hat also keine finanziellen Sorgen. Steffens Mutter sieht daher nicht ein, warum ihr Sohn nicht getröstet werden soll, wenn er unglücklich ist, weil ein Schulkamerad eine bessere Kamera am Smartphone hat als er und tolle Bilder auf Instagram postet. Der Vater fürchtet, dass Steffen, in die Macht über sein Vermögen gekommen, alles verjuxt und am Ende von Sozialhilfe leben muss.

Gemessen an einem Schneesturm, der eine Steinzeitfamilie ohne Beute und Feuer in einer Höhle festhält, ist Sozialhilfe nicht wirklich gefährlich. Aber der Vater fürchtet sich heftiger vor ihr als die Jäger vor dem Schneesturm. Das liegt daran, dass die Angst vor der Sozialhilfe sich mit der abgründigen Angst verbunden hat, ein schlechter Mensch zu sein, der aus dem Rudel ausgestoßen wird, während die Angst vor dem Schneesturm sich weniger gefährlich anfühlt, weil sie dazu führt, dass sich das Rudel zusammendrängt und aneinander wärmt.

Der Steffen des Jahres 2020 ist resigniert, er weiß nicht, ob er ein Studium schafft, er kann sich nicht vorstellen, so zu arbeiten wie sein Vater, so viel Geld zu verdienen wie dieser, im Büro zu sitzen, mit Mietern und Handwerkern zu verhandeln. Der Vater hat versucht, Steffen in seiner Hausverwaltung zu beschäftigen. Der Junge verlor schnell die Konzentration für die Aufgabe, die der Vater für ihn ausgesucht hatte; eine leichte, notwendige Tätigkeit: Rechnungen zu kontrollieren. Steffen machte Fehler und reagierte bockig, wenn er auf sie angesprochen wurde.

Die Mutter verstand, warum er nicht mehr in Papas Büro gehen wollte. Er habe in der Schule genug Stress, da könne er keine zusätzliche Belastung vertragen. Vielleicht sei ein Job als Zeitungsausträger besser, an der frischen Luft! Dieser Job scheiterte wiederum am frühen Aufstehen. Am Ende waren Vater und Sohn wieder zum Tiefpunkt ihrer Beziehung gerutscht: der Nörgler und der Faulpelz. Die Eltern hatten beide Angst um ihren Sohn, eine Angst, die sie zu Feinden machte, sodass sie sich voreinander fürchteten und in Acht nahmen; eine Angst, die Kälte zwischen ihnen entstehen ließ und verhinderte, dass sie sich gegen die Kälte beistanden, schlechte Eltern zu sein, die ihr Kind nicht als angesehenes Glied der Gesellschaft in ein selbstständiges Leben entlassen.

In dem armseligen Steinzeitleben hätte Steffen ein vitales Interesse, von seinem Vater zu lernen, wie man Fische oder Kaninchen fängt. Mit 19 Jahren könnte er sicher oft einen dickeren Fisch nach Hause bringen als der Vater. Die Natur ist in ihrer Unberechenbarkeit stabiler als eine Kultur, die von jeder Generation fordert, sich unabhängig von den Eltern selbst zu entdecken.

Seit klar ist, dass die Konsumwirtschaft keine Zukunft haben kann, weil sie den Planeten selbst verfrühstückt, haben viele bisher für ewig gehaltene Werte ihre Zukunft verloren. Die Menschen ahnen es, aber sie wollen es vielfach nicht wahrhaben. Die Angst vor dem Verlust der sozialen Geborgenheit ist viel mächtiger als die Angst vor den Gefahren, die dem menschlichen Leben drohen, wenn Küstenstädte absaufen und Stürme das Binnenland verwüsten. Es ist kein Zufall, dass die 2019 unüberhörbar gewordene Stimme von Greta Thunberg zu einer Person gehört, die emotionale Geborgenheit nicht wirklich kennt.

Was schert mich die Zukunft des Planeten, wenn mir die Kollegen im Kohlebergwerk zujubeln, weil ich die Klimakatastrophe als ausgemachten Schwindel hinstelle? Menschen sind lernfähig und veränderungsbereit, aber nur, solange sie sich damit in ihrer Bezugsgruppe wohlfühlen. Alles andere ist eine große, seltene Ausnahme.

Solange Eltern in der Konsumgesellschaft überzeugt sind, sie könnten ihren Kindern den richtigen Weg zeigen, solange die Kinder ihnen das abnehmen, dominiert die manische Abwehr. Alle fühlen sich super und sehen kein Problem am Horizont.

Wenn sich die Kinder gegen den von den Eltern gewiesenen Weg wehren, bricht die manische Abwehr zusammen. Die Eltern fühlen sich in ihren Mühen entwertet; die Kinder von den Eltern nicht ausreichend versorgt. »Ihr wart nie da!« »Ihr habt mich nicht gesehen!« »Ihr habt mich mit Geschenken bestechen wollen!« Undankbare Kinder bedrohen das Selbstgefühl der Eltern; vorwurfsvolle Eltern das der Kinder.

Zwischen diesen Extremen einer manisch stabilisierten und einer in wechselseitiger Entwertung depressiv fixierten Familie ringen Eltern und Kinder darum, den Alltag zu bewältigen und sich nicht auseinander-, sondern zusammenzuraufen. Wenn wir bedenken, wie wenig unsere sozialen Normen bisher dem Leben auf der Erde nützten, wäre es keinen Milliliter Kindertränen wert, sie durchzusetzen.

Durch die Art, wie menschliche Beziehungen beschaffen sind, werden Kinder, deren Eltern sich für ihre Zufriedenheit aufopfern, nicht zufrieden, sondern unersättlich. In der christlichen Ikonografie wird die Tierfabel vom Pelikan, der sich in die Brust hackt, damit seine Jungen zu trinken haben, zum Symbol für die Bereitschaft, sich in der Elternschaft aufzuopfern. Aber ein solcher Pelikan tut seiner Brut nichts Gutes.

Wenn das Baby schreit, wird die ängstliche Mutter von ihrem Frühstück aufspringen, um sofort für ihr Kind da zu sein. Wenn sie das Baby gestillt und gewickelt hat, ist der Kaffee in der Tasse kalt und das Brötchen vertrocknet. Sie fürchtet, keine gute Mutter zu sein, wenn sie das nicht andauernd sich und dem Kind beweist. Es ist ein Teufelskreis: Je mehr Perfektionismus im Beweisen der Elternliebe den Erwachsenen Mutter- und Vaterschaft verleidet, desto intensiver müssen sie sich bemühen.

Wer solche Situationen analysiert, findet oft heraus, dass eine ängstliche, perfektionistische Mutter nicht mit der Tatsache im Reinen ist, dass sie so viel Autonomie an das Kind verloren hat. Weil im Unbewussten das Kind lästig ist, muss sie sich *sofort* kümmern, kann gar nicht mehr an einen mittleren Weg zwischen ihrem und dem Wohlbefinden des Kindes glauben. Sie entwirft nicht das Bild eines Kindes, das der Mutter die Zeit schenkt, fertig zu frühstücken.

Die »alten«, autoritären Eltern wurden gefürchtet und im Hintergrund der pflichtgemäßen Dankbarkeit auch gehasst. Aber sie weckten Appetit auf Autonomie. In der Wut auf die Eltern schienen die Härten des Berufslebens eine attraktive Alternative.

In einer vom Konsumdenken durchtränkten Erziehung wird nach einem naiven quid pro quo geglaubt: Ein Kind, dem Vater und

Mutter keinen Wunsch abschlagen, wird später auch die Wünsche der Eltern in Bezug auf Anerkennung als »gute Eltern« erfüllen. Es wird ein Erwachsener werden, auf den die Eltern stolz sind und der ihnen die gespendete Liebe und Anerkennung zurückzahlt. Die Familienbeziehung wird zum Tauschgeschäft.

Es mag erst einmal nutzlos für Eltern und Kinder wirken, sich die Falle klarzumachen, in der sie der wirtschaftliche und pädagogische Fortschritt gefangen hält, solange diese Lage nicht zu ändern ist. In die Vergangenheit will und kann schließlich niemand zurück. Dennoch: Der Gedanke an eine materiell schlechtere, aber emotional bessere Welt, die uns unerreichbar in die Vergangenheit entwischt ist, bringt potenziell Trost, wenn er etwas wie Humor in unseren Beziehungen wecken kann. Kein Wunder, dass wir scheitern, wenn wir alles so kompliziert gemacht haben! Und können wir elementare Freuden, wie gesund zu sein, frei zu atmen, nicht zu hungern, nicht weiter genießen, auch wenn die Pfandflaschen nicht korrekt entsorgt worden sind?

Hier kommt schon die nächste Krise unserer Gegenwart um die Ecke, die unser Glück ebenfalls nicht unbelastet lässt: Wir dürfen die weggeschmissenen Pfandflaschen doch sicher nicht mit einem vergebenden Lachen quittieren, während der arme Planet im Müll erstickt.

Von den Jägerkulturen wird erzählt, dass sie weder waidgerecht jagen noch gärtnerisch ernten; sie erbeuten, was sie erwischen können, und brechen fruchtbehangene Äste kurzerhand ab, um bequemer pflücken zu können. Wie Kinder ihr durch Unordnung beengtes Zimmer aufgeben und im (bis dahin) aufgeräumten Wohnzimmer weiterspielen möchten, verlegen auch die archaischen Kulturen den Lagerplatz, wenn sich zu viel Müll angesammelt hat und es nicht mehr gut riecht. Da in den altsteinzeitlichen Kulturen niemand Besitz anhäufen kann, ist das buchstäblich tragbar.

In der Stadt müssen alle lernen, in begrenzten Räumen zu leben; frei ist nur noch die Fantasie. Wir können nicht mehr zurück, wir können aber aufhören, uns das Leben gegenseitig schwerer zu machen als nötig, indem wir Sündenböcke für das Scheitern an einer Welt suchen, die wir nicht einmal dann verstehen, wenn wir uns absolut ruhig verhalten und nur noch nachdenken – geschweige denn, wenn wir in emotional aufgeladenen Situationen schnell entscheiden und handeln sollen, wie es eben Eltern manchmal tun, die sich fürchten, ihre Kinder nicht richtig zu erziehen.

*Kapitel 8*

# Angstlust und Geisterbahn

Der Dompteur eines Löwen, der seinen Kopf zwischen dessen Kiefer legt, wird bewundert, weil die Zuschauer ihre eigene Unruhe und Aggression in das Tier projizieren. Der Löwe hingegen, ganz epikuräischer Philosoph, hält sich an die Maxime, nicht über das Notwendige hinauszugehen und die Quelle eines angenehmen Lebens nicht zu trüben. Dem Löwen gelingt es, sich mit seiner Angst einzurichten, während der nicht ganz so starke Mensch es nötig hat, Löwenjäger zu sein oder Dompteur; tote Trophäen zu gewinnen oder über Lebende zu triumphieren.

Die Kulturgeschichte lässt sich als eine Geschichte der Perfektionierung von Angstabwehr lesen. Sie führt vom festgehaltenen Werkzeug (Tiere gebrauchen Werkzeuge, aber sie tragen sie nicht mit sich) über Viehzucht und Ackerbau hin zur technischen und wissenschaftlichen Kontrolle über die Errichtung städtischer Welten, von denen aus Länder und Meere ausgebeutet werden. Es ist ein interessanter Schritt auf diesem Weg, dass die Menschheit lernte, mit der Angst zu spielen, sie zu inszenieren und Lust aus dem Moment zu gewinnen, in dem das maximal erschreckte Individuum unbeschädigt das Schwinden der Angst entdeckt.

Die Geisterbahn im modernen Sinn entstand nach dem ersten Weltkrieg. Sie übertrug dessen Schrecken auf die Rummelplätze. Finsternis, durchzuckt von Blitzen, halb verweste Leichen, die sich aus schmutzigen Gräbern erheben, infernalischer Lärm, unberechenbare Wendungen kopierten die Schrecknisse des Krieges. Die historisch älteste Anlage, der »Ghost Train«, befindet sich im Vergnügungspark »Blackpool Pleasure Beach« im Nordwesten Englands. Sie wurde im Mai 1930 eröffnet und ist heute noch in Betrieb. Im Oktober des Jahres 1931 eröffnete Carl Böhm eine Geisterbahn in Hamburg auf dem Domplatz. 1932 gab es auf dem Münchener Oktoberfest schon mehrere dieser Fahrgeschäfte.

Heute wirkt die Geisterbahn auf dem Rummel nostalgisch; Computerspiele und Horrorfilme über Zombies und Vampire haben das Gruseln perfektioniert. Vor allem ist der Fantasiereisende nicht mehr passiv. Den Titanen und Höllenhunden steht ein hochgerüsteter Kämpfer gegenüber. Zehnjährige schwingen per Mausklick tonnenschwere Äxte oder feuern aus allen Rohren, um andrängende Dämonenheere zu vernichten.

Angst hat einen höheren Unterhaltungswert als Sex. Angst können wir immer haben, die Vielfalt der Szenarien ist von Anstandsregeln weitgehend unbetroffen und gilt als jugendfrei. Während kein Neapolitaner sich wünscht, dass der Vesuv einen großen Ausbruch hat und mit Erdbeben und Ascheregen die Stadt ruiniert, würde doch die ganze Welt begierig die Bilder über diese Katastrophe sehen und auf dem Bildschirm mitverfolgen, wenn Reporter die Neapolitaner befragen, wie sie sich fühlen.

Gefahren sind im Alltag der Zivilisation selten und wenig eindrucksvoll: Ich versage in einer Prüfung, ich verliere meine Arbeit, ich finde keine Sexualpartner, ich verdiene weniger als andere, ich werde krank. Dennoch wächst in Umfragen die Zahl der Menschen, die mehr Angstgefühle als früher an sich beobachten. 2016 erschienen den meisten Befragten die 1980er-Jahre als die Zeit, in der »alles besser« war. Diese Jahre waren schon so fortschrittlich, dass man fließendes Wasser, Zentralheizung und Zahnziehen unter Lokalanästhesie nicht entbehren musste, auf der anderen Seite aber die Drohungen der Globalisierung und des Klimawandels noch verleugnet werden konnten.

Steven Pinker und Hans Rosling haben nachgewiesen, wie dürftig die statistische Basis pauschaler Aussagen wie »früher war alles besser« ist. Dennoch bestätigen Befragungen diese Aussage rund zehnmal häufiger als ihr Pendant (»früher war alles schlechter«).[29] Während »Factfulness« an die Vernunft appelliert, orientiert sich die pessimistische Sicht auf Gegenwart und Zukunft an der Angst. Sie dokumentiert so, wer die stärkeren Bataillone in den Meinungskampf führt. Vor der Vergangenheit haben wir keine Angst, wir haben sie überstanden; Gegenwart und Zukunft hingegen ängstigen uns. Daher hat die Vergangenheit so viele Chancen, »besser« zu sein.

Steven Pinker ist Kognitionspsychologe und lehrt in Harvard. Bereits 2011 hat er dokumentiert, dass Gewalt entgegen dem von den Medien vermittelten Eindruck weltweit abgenommen hat. Schlägereien zwischen Jugendlichen, Vergewaltigung, Mord und Körperverletzung werden seltener.

Aber je »besser« es den Menschen materiell geht, je breiter die Bildungschancen genutzt werden, desto mehr wachsen auch die Ängste. Das ist nicht erstaunlich, denn die erste Quelle der Angst ist der Verlust, und je mehr an Sicherheit und Komfort ich gewinne, desto mehr kann ich auch verlieren. Wir müssen lernen, genauer zu zielen, um noch einen freien Weg zu finden, das gilt für den Stadtverkehr so gut wie für Karrieren oder Erfindungen. Wir müssen genau justieren; entsprechend haben sich die Möglichkeiten multipliziert, etwas falsch zu machen.

Diese Situation färbt das Fantasieleben. Reisende sind sich einig, dass die Menschen auf den Straßen der ärmsten Länder offener und besser gelaunt in die Welt schauen als die Bürger der reichsten. Der Arme interessiert sich für alles, was er sieht. Er blickt suchend um sich, er freut sich, wenn er etwas findet, und sei es nur der Blick eines Mitmenschen – er könnte etwas von ihm bekommen, wenigstens ein Lächeln. Der Reiche hingegen fürchtet den offenen Kontakt; es könnte ihm etwas genommen werden. In einer Welt von Bettlern ist der Mitmensch interessant; in einer Welt der Besitzenden könnte er sich durch mein Interesse aufgefordert fühlen, mir etwas wegzunehmen.

Die zivilisierten Nationen müssten aufgrund der Fakten denken, dass es ihnen besser geht als jemals zuvor. Aber so fühlen sie sich nicht. Immer mehr Menschen glauben nicht mehr an eine Normalität, in der stimmt, was in den Zeitungen steht oder in den Nachrichten gemeldet wird, in der häufige Dinge häufig und seltene selten sind. Sie setzen sich freiwillig in die Geisterbahn der Verschwörungsmythen.

Ohne Angstlust würde der Glaube an eine Herrschaft der Reptilien oder an einen *deep state* hinter der Regierung keine Gläubigen finden. In einem bizarren Verschwörungsmythos frönten Präsidenten wie Clinton und Obama nicht nur der Pädophilie (»Pizza-Connection«), sie verspeisten auch Zirbeldrüsen ermordeter Kinder, die ewige Jugend schenken. Wer sich von solchen Schreckenswelten überzeugen lässt, kehrt nach den virtuellen Geisterbahnfahrten erleichtert und gesättigt durch überlegenes Wissen in seinen Alltag zurück.

Die Ruhe nach Schmerz und Angst ist das billigste und am meisten verbreitete Vergnügen in unserer Gesellschaft. Ereignisalarm ist der zentrale Kult der Gegenwart. Er greift nach allen und erfasst auch jene, die unzufrieden damit sind, dass dadurch die wirklich wichtigen Dinge in den Hintergrund gedrängt werden. Der Wechsel von Aufregung und Beruhigung erlöst aus der Unübersichtlichkeit einer Welt, in der alles Wissen potenziell in Sekunden überall ankommen kann.

Beileibe nicht alle Träume machen durch Wunscherfüllung glücklich, das wusste schon Freud. Nicht selten ist es erst das Erwachen aus Chaos und Angst, das Lustgefühle beschert.

Reale Ängste, die nach dem Aufwachen oder dem Zuklappen des Computers nicht verschwinden, sind keine Lustquelle. Sie wachsen in doppeltem Sinne mit mehr Wohlstand: Je mehr wir besitzen, desto mehr Zukunft haben wir auch. Das gilt nicht nur für die Menge an Dingen, die wir verlieren können, sondern vor allem auch für die kaum weniger große Menge an Entscheidungen über künftige Möglichkeiten, deren Weichen in der Gegenwart gestellt werden müssen. Vom Börsenspekulanten bis zum Abiturienten auf der Suche nach dem »richtigen« Beruf: Die Zukunft rollt als Tsunami möglicher Fehlentscheidungen auf uns zu und fordert Energie, um diesen Gefahren zu begegnen. Wenn es etwas wie eine Waage gäbe, die den psychischen Aufwand für die Bewältigung der Gegenwart einerseits und der Zukunft andererseits ins Gleichgewicht bringen soll, könnten wir den wachsenden Druck auf den Waagbalken messen. Um das Übergewicht der Zukunft zu kompensieren, müssen wir komplexe Schutz- und Abwehrmechanismen aufbauen.

Kein Mensch ist für die kulturelle Evolution verantwortlich, aber wer das Ergebnis betrachtet, ist verführt, an die Mythen zu denken, die dem Teufel seit jeher mehr Klugheit zuschreiben als irdischen Geschöpfen und ihn – die Schlange im Paradies – für die Misere verantwortlich machen.

Unser Blick in die Vergangenheit rückt die Welt des Hungers, in der die Zukunft aus tiefstem Affekt heraus *positiv* gesehen wird (als Zeitraum, in dem ich etwas zu essen finde), in ein absolut negatives Licht: Es gab einmal eine schlimme Zeit, in der die Menschen von der Hand in den Mund lebten, in größter Unsicherheit. Oft wussten sie am Morgen nicht, ob sie am Abend hungrig oder satt sein würden! Wie absolut schrecklich, wie unbedingt zu vermeiden!

Ersetzt haben wir den Hunger durch Angst. Die beiden sind ein ungleiches Paar: Der Hunger unterscheidet scharf zwischen Fantasie und Wirklichkeit; die Angst nicht. Daher ist auch das Bedürfnis nach Sicherheit unersättlich, eine gefährliche Stimulanz für die menschliche Erfindungskraft, die sich schon in den ersten historischen Dokumenten als Wettkampf zwischen dem listigen Eroberer und dem Erbauer unbezwinglicher Stadtmauern manifestiert. Hunger würde niemals zu einer Geste wie dem Verbrennen der Schiffe greifen. Ich weiß doch nicht, ob ich sie nicht doch noch einmal brauchen kann! Angst hingegen ist die Energie hinter der manischen Abwehr: Sie giert nach definitiven Lösungen, nach absoluter Sicherheit. Und die menschliche Angst weiß um sich selbst und beginnt auch, sich vor sich selbst zu fürchten.

Hunger kennt eine lustvolle, fassbare Szene, die ihn beendet; die Angst kennt nur einen provisorischen Ruhezustand, der jederzeit durch eine neue Angstwelle überschwemmt werden kann. Sättigung ist materiell, von vertrauter Dauer und manifest; Sicherheit immateriell und immer im Schatten von Unsicherheit. Gut beobachten lässt sich das bei Zwangssymptomen: Sind sie Hände sauber? Ist die Heizplatte kalt? Ja, ich habe sie soeben gewaschen, ja, ich habe doch grade kontrolliert. Aber vielleicht nicht gründlich genug? Vielleicht habe ich etwas übersehen? Ich muss nochmal waschen, nochmal nachsehen, sonst wird die Angst unerträglich!

Während das Heilmittel für die Unlust des Hungers greifbar ist und niemand den Unterschied zwischen einem versprochenen Brot und dem Brot in meiner Hand leugnen wird, führen uns die Heilmittel gegen die Angst in eine Welt der Fiktionen. Vom Hunger erlöst die Speise, von der kreatürlichen Angst die gelungene Flucht oder der erfolgreiche Angriff, in dem sich ein Tier beweist, dass es stärker ist als sein Gegner. Von der modernen, narzisstisch getönten Angst erlöst vor allem der Glaube.

Das Leben zu vereinfachen ist eine sehr ernsthafte Sehnsucht, aber die Brücken abzubrechen, die zurück in den komfortablen Alltag führen, wagt dann doch kaum einer. Die altsteinzeitliche Kultur ist wohl für jeden, der ein anderes Leben kennengelernt hat, eine elende Existenzform, kurz und ruhmlos. Was aber hat es dann für einen Sinn, über die Welt des Hungers nachzudenken, wenn wir selbst sie verlassen, die Tür versperrt und den Schlüssel weggeworfen haben? Was nutzt es, ihre Vorzüge zu erkennen, wenn wir sie nur in unserer Fantasie bewohnen können? Und ist es nicht paradox, die Angstwelt zu tadeln, weil sie der Entscheidung zwischen zwei Übeln so selten eine materielle, verlässliche Lösung bietet – und dann eine Hungerwelt zu beschreiben, die zwar solche Lösungen ermöglicht hat, aber verloren ist?

Es geht darum, die Macht der Angst zu erkennen, ihre Unersättlichkeit, die schwer durchschaubar ist, weil sie den Angstkern durch viele Schichten manischer Abwehr verleugnet.

Durch Hunger können wir sterben. Durch Angst nicht. Sie ist keine Gefahr, sie warnt nur vor einer und quält uns, bis wir eine Fiktion von Sicherheit zurückgewonnen haben. Sie unterscheidet erst einmal nicht, ob eine Gefahr illusionär ist oder real. Wer ruhig bleibt und nichts gegen die Angst tut, überlebt. Sobald wir nicht unter dem Diktat der Angst aufhören, zu atmen und zu trinken, wird sie ihre Macht über uns verlieren. Wir werden der Geisterbahn, für die wir kein Ticket gekauft haben, unbeschadet entkommen.

Und doch ist das oft das Schwerste: nichts zu tun. Wer von Angst gequält ist, von der Liebsten verlassen zu werden oder in einer Prüfung zu versagen, kann sich hundertmal einreden, dass die Angst nutzlos ist und die von ihr angestachelten Fantasien pure Einbildung – er wird diesen elenden Zustand kaum ertragen. Es beruhigt in solchen Situationen, die uferlose Angst durch eine konkretere Empfindung zu ersetzen und sich selbst zu verwunden. Wer Angst hat, ist schwach; wer Schmerz erträgt, ein Held.

Das seelische Modell der Angstbewältigung wurzelt in der Kindheit: Das kleine Kind läuft neugierig von der Mutter weg, erforscht die Welt, verarbeitet kleine Reize, lernt. Aber die Welt ist auch gefährlich, irgendwann gibt es eine Begegnung, die das Kind überfordert, die es nicht verarbeiten kann. Noch hat es auf der Baustelle den Bagger neugierig beobachtet, der in die Erde beißt, ein Stück frisst und es wieder ausspuckt, faszinierend. Dann dreht sich die Maschine – und plötzlich schießt es in das Bewusstsein des Kindes: Sie wird *mich* fressen! Weinend sucht es die Mutter. Sobald diese es in den Arm nimmt, hochhebt und beruhigend erklärt, dass Bagger nur Erde und keine Menschen fressen, ist alles wieder gut.

Die Beliebtheit der Geisterbahnen und Zombiefilme wurzelt in der Angstlust, im Spiel mit dem Tod. Die undeutlichen, ambivalent getönten und schwer zu meidenden Gefahren des Alltags werden durch klare Ängste ersetzt. Der Schrecken ist groß; entsprechend intensiv ist auch die Lust, wenn er bewältigt ist.

Festwiesen und Rummelplätze sind Orte, an denen sich die Angstlust studieren lässt; die Geisterbahn hat viele Kinder und Enkel gezeugt – Todesspiralen, Riesenräder und Ähnliches, TÜV-geprüft harmlose Todesgefahren.

Das von Hochtechnologie getragene Glücksgefühl im Spiel mit der Angst ist vergänglich. Nachhaltiger wirkt die Droge, aber sie birgt eine neue Gefahr: Abhängigkeit, Sucht. Die zu oft wiederholte Steigerung des Lebensgefühls mündet am Ende in einen elenden Zustand, in dem keine Lust mehr gewonnen, sondern nur noch die Qualen des Entzugs bekämpft werden.

*Kapitel 9*

# Das Vorsorge-Paradox

Es muß ja kein eigentlicher Feind sein, dem ich die Lust errege, mir zu folgen, es kann recht gut irgendeine beliebige kleine Unschuld, irgendein widerliches kleines Wesen sein, welches aus Neugier mir nachgeht und damit, ohne es zu wissen, zur Führerin der Welt gegen mich wird, es muß auch das nicht sein, vielleicht ist es – und das ist nicht weniger schlimm als das andere, in mancher Hinsicht ist es das schlimmste – vielleicht ist es jemand von meiner Art, ein Kenner und Schätzer von Bauten.

*Kafka: Der Bau*

Vor vielen Jahren leitete ich mehrere Male Selbsterfahrungsgruppen, die zusammen fasten sollten. Es war lehrreich, die Macht des Hungers über das menschliche Erleben zu erforschen – den geschärften Geruchssinn oder die Leidenschaft, mit der in Gruppenpausen über Essen diskutiert wurde, während wir Gemüsebrühe und Kräutertee »verzehrten«.

Eine Teilnehmerin ist mir besonders in Erinnerung geblieben, Oberstudienrätin von Beruf. Während andere Teilnehmer triumphierend mit einer Lochzange ihre Gürtel einer neuen Schlankheit anpassten, stand sie abseits und schüttelte den Kopf. »Ich nehme einfach nicht richtig ab!«, sagte sie. »Haben Sie eine Idee, warum?«, fragte ich. »Vielleicht liegt es daran, dass ich schon eine Woche vorher mit dem Fasten angefangen habe«, erklärte sie. »Ich hatte Angst, dass ich es vielleicht nicht schaffe, und wollte sichergehen!«

Als sie in der Gruppe von diesem Manöver erzählte, steuerte ein Teilnehmer einen frivolen Witz bei: Der Hafenarbeiter Kowalski, ein Bär von einem Mann, behauptet, er könne zehn Frauen nacheinander vögeln. Seine Kumpels wetten, dass er es nicht schafft; die Frauen im Hafenbordell machen mit, Kowalski tritt an – und macht beim dritten Mal schlapp. »Ich verstehe das nicht!«, sagt er und schüttelt den Kopf. »Heute Nachmittag habe ich's probiert, um ganz sicher zu gehen, und da hat es tadellos geklappt!«

In seiner unvollendeten Erzählung »Der Bau« spricht Franz Kafka mit der Stimme eines Wühltieres. Die germanistische Forschung vermutet, dass der Autor sich dazu in dem Kapitel »Der Dachs« aus Brehms Tierleben informiert hat; andere Merkmale weisen auf einen Hamster hin. Das Tier hat sich einen großen Bau mit vielen Gängen und Vorratskammern gebaut. Anfangs ist es mit seinem Werk zufrieden und stolz auf dessen Vollendung. Dann aber kommen ihm Zweifel über Schwachstellen; es gerät in wachsende Unruhe, gräbt tiefer, peinigt sich mit Gedanken über einen Feind, der ebenso geschickt und kundig ist – und obwohl dieser nie auftritt, lässt sich auch die Angst nicht bezwingen, es könnte ihn geben. Einen Schluss hat Kafka nicht (mehr) geschrieben.

Es gibt einen untergründigen Zusammenhang zwischen Angst und projizierter Aggression. Das Tier in seinem Bau imaginiert einen Gegner, der ebenso kundig, vorsichtig und gerissen ist wie es selbst. Es stellt in seinen Fantasien ständig die eigenen Fähigkeiten infrage, seinen Bau zu sichern; die Sicherheit wird zum Selbstzweck, und da der geistige Verfolger nicht von außen kommt, gibt es auch keine Ruhe vor ihm. Kafka verschlüsselt das in einem Geräusch, dessen Quelle das Tier nicht finden kann und das überall in den Verzweigungen der Gänge und den tiefsten Schächten der unterirdischen Burg in gleicher Lautstärke hörbar bleibt.

Ein zweites Paradox liegt darin, dass Kafka die ganze Szene einem Tier unterstellt, wo doch der wesentliche Unterschied zwischen der tierischen und der menschlichen Psyche darin liegt, dass das Tier im Augenblick lebt und sich nur vor Gefahren fürchtet, die sich ihm physisch nähern. Wer eine Meise oder ein Kaninchen bei der Futtersuche beobachtet, konstatiert die Verhaltensweisen des Fluchttiers: In kurzen Abständen die Umgebung mustern und den Aufenthalt ständig wechseln, um dem Feind kein sicheres Ziel zu bieten.

Dass der *Gedanke* an eine Gefahr den Dachs in seinen Bau verfolgt, ist ein absolut menschlicher Einfall; der Dachs würde erst reagieren, wenn *in der Tat* der Dackel hinter ihm her ist oder der Spaten des Jägers in die Erde dringt. Die Fähigkeit, sich dem Augenblick hinzugeben, nicht beeinträchtigt von Sorge oder Hoffnung, unterscheidet unsere Vorstellung der Innenwelt eines Tieres gründlich von dem, was wir selbst erleben. Nietzsche hat das in seinem Essay über den Nutzen und Nachteil der Historie beschrieben:

> Betrachte die Herde, die an dir vorüberweidet: sie weiß nicht, was Gestern, was Heute ist, springt umher, frißt, ruht, verdaut, springt wieder, und so vom Morgen bis zur Nacht und von Tage zu Tage, kurz angebunden mit ihrer Lust und Unlust, nämlich an den Pflock des Augenblicks, und deshalb weder schwermütig noch überdrüssig. Dies zu sehen geht dem Menschen hart ein, weil er seines Menschentums sich vor dem Tiere brüstet und doch nach seinem Glücke eifersüchtig hinblickt – denn das will er allein, gleich dem Tiere weder überdrüssig noch unter Schmerzen leben, und will es doch vergebens, weil er es nicht will wie das Tier. Der Mensch fragt wohl einmal das Tier: warum redest du mir nicht von deinem Glücke und siehst mich nur an? Das Tier will auch antworten und sagen: das kommt daher, daß ich immer gleich vergesse, was ich sagen wollte – da vergaß es aber auch schon diese Antwort und schwieg: so daß der Mensch sich darob verwunderte.

Kafkas Wühltier aber kann sich selbst nicht vergessen und nicht im Augenblick leben. Es denkt an künftige Gefahr und möchte vorsorgen. Es fürchtet sich vor seinesgleichen. Je mehr die Burg abgesichert wird, desto gefährlicher wird auch der Feind; in dem Augenblick, in dem er garantiert nicht mehr eindringen kann, hat er die Festung besetzt.

Angst ist ein schmerzhafter Affekt, der Gegenwehr erzeugt. Ich hasse die Person, die mich zwingt, sie zu fürchten, auch wenn ich versuche, sie durch freundliche Nachgiebigkeit friedlich zu stimmen. In Kafkas Gleichnis werden die Eindringlinge immer bedrohlicher, je mehr Kraft aufgewendet werden muss, sie in Schach zu halten. Das entspricht dieser latenten Mobilisierung von Aggression, die unterdrückt und nach außen verlegt wird.

In der Tat ist unbewusste und projizierte Aggression ein wichtiges Modell, um Angst, Unsicherheit und die entsprechenden Schutzmaßnahmen in Beziehungen zu verstehen. Ob sie während ihrer langen Ehe denn nie an Scheidung gedacht hätte, fragt der Bekannte die Ehefrau in einem Witz. »An Scheidung – nie! An Mord – oft!« Der Scherz verrät etwas über Bindung. Indem sie bereit ist, in die Finsternisse ihrer gesetzlosen Wut zu blicken, gesteht die Ehefrau ihre Unvollkommenheit. Gleichzeitig wird aber auch ihr Entschluss deutlich, den mörderischen Affekt zu beherrschen.

Sie kann sich ihre Wut eingestehen und dennoch an ihre Liebesfähigkeit und an eine gemeinsame Zukunft glauben. Eine Frau, die ihrer Mordlust nicht in dieser Weise ins Gesicht blickt, die sich solcher Affekte schämt, wird den Partner entwerten, weil er sie in einen so unvollkommenen Zustand gebracht hat. Deshalb wird sie sich von diesem untauglichen Mann trennen, alle Tauglichkeit bei sich selbst verorten und in der nächsten Beziehung vorsichtig, wachsam und kritisch sein, um nicht etwa gar an einen noch untauglicheren Mann zu geraten, als es der Vorgänger war.

Wer sich Mordgelüste eingesteht und sich als jemanden ertragen kann, der solche Gefühle hat, wird lernen, zwischen aggressiven und liebevollen Gefühlen zu unterscheiden. Er oder sie kann darauf verzichten, die Aggression zu projizieren: Wenn ich mein Gegenüber misstrauisch prüfe, fühle ich mich auch von ihm in dieser Weise geprüft. So warte ich nicht ab, bis Spannungen in der Beziehung deutlich werden. Ich erzeuge sie, um mich zu vergewissern, dass ich nicht falsch liege.

Wer besorgt ist, ob das Schiff, mit dem er aufgebrochen ist, auch kein Leck hat, der kann mit einer Lampe prüfen, ob irgendwo Wasser eindringt. Wenn er das zu Beginn der Reise macht und alle paar Tage wiederholt, wird seine Vorsorge die Fahrt nicht stören. Wenn er aber viel Angst hat und jeden Tag stundenlang kontrolliert, fehlt seine Arbeitskraft an Deck. Noch problematischer wird seine Sorge, wenn er mit einem schweren Hammer die Planken prüft, ob nicht etwa eine morsch ist; dann kann sein Verhalten sogar das Gegenteil dessen erreichen, was er beabsichtigt.

In den alten Holzschiffen war Leckwasser in der Bilge (dem Kielraum) normal. Es wurde einfach regelmäßig abgepumpt. Erst wenn der nötige Aufwand ein gewisses Maß überstieg, musste der Schiffszimmermann nachsehen. Mit diesem Vergleich lässt sich das Gleichgewicht von Angstproduktion und Angstverarbeitung beschreiben, welches das tierische Verhalten fast immer, das menschliche aber nur unter günstigen Bedingungen auszeichnet. Das Leben ist niemals völlig abgedichtet und ganz und gar sicher. Aber es geht weiter, solange die Macht des Todes in Schach gehalten werden kann.

Die Frau, die sich auf das Fasten vorbereitet, der Mann, der seine Kräfte für die Generalprobe verschwendet, steigern die Vorsorge zur Selbstsabotage. Beim schützenden Bau ist das schon komplizierter; in der Tat ist es gut, einen sicheren Ort zu haben – aber es wird riskant, wenn der Glaube überhandnimmt, es gäbe einen *perfekt* sicheren Ort. Ähnlich gefährlich ist die Illusion, es gäbe den perfekten Partner, die perfekten Kinder.

In der individualisierten »Risikogesellschaft«, von der Ulrich Beck spricht, wird Vorsorge zu einem dynamischen, immer schwieriger zu kontrollierenden Prozess.[30] Einer von Becks zentralen Hinweisen trifft die Atomkraftwerke, deren potenzielle Schadenslast so immens ist, dass keine Versicherung anbietet, sie aufzufangen. Sie wurden politisch als »alternativlos« durchgesetzt mit dem Argument, dass Vorsorge für eine Zeit getroffen werden müsse, in der die fossilen Brennstoffe zur Neige gehen – während sich heute der Gedanke kaum mehr abweisen lässt, dass die Radioaktivität, die diese Vorsorge mit sich bringt, ein weit höheres Destruktionspotenzial hat als der drohende Energiemangel.

Wenn Vorsorge Gefahren nicht nur abwendet, sondern zugleich produziert, müssen wir immer kompliziertere Szenarien entwerfen, um Chance und Risiko abzuwägen. Diese Abwägung geschieht nun in demokratischen Staaten, in denen alle vier Jahre gewählt wird. Das hüllt Gefahren, die weiter entfernt sind, in dichten Nebel, während die nahe Gefahr, die sich in der aktuellen Regierungszeit auswirkt, in grellem Licht erscheint und auf gar keinen Fall ignoriert werden darf.

Vorsorge schützt vor Ängsten, aber sie weckt auch Illusionen. Die ersehnte Sicherheit ist ohne neue Schäden nicht zu haben. Der Blick in die Zukunft ist durch die aktuelle Angst und die mit ihr verbundene Gefahrenabwehr getrübt. Es ist schon schwierig genug, die Schäden durch eine Gefahr gegen die Schäden abzuwägen, die ein akutes Ausweichmanöver produziert. Wenn es darum geht, die Folgeschäden der Vorsorge gegen die Folgeschäden einer nicht durch Vorsorgemaßnahmen bekämpften Gefahr abzuwägen, wird die Situation noch unübersichtlicher.

## Wider die Vernunft

Wie problematisch die Abwägung akuter Ängste gegen Bedrohungen in der Zukunft sein kann, zeigt uns derzeit der Umgang mit der Umweltkrise in aller Deutlichkeit.

Der persönliche Rückbau einer nicht zukunftsfähigen Lebensweise hat längst begonnen. Viele (aber längst nicht genug) Menschen steigen vom Auto auf ein Fahrrad um, meiden Flugreisen und Plastikverpackungen, essen kein Fleisch. Sie tun es bedrängt von Strukturen, die auf das Gegenteil hinauslaufen: internationalen Riesenkonzernen, »autogerechten« (und daher muskelfeindlichen) Städten, Werbung, die eine müll- und schmutzfreie Welt ohne Verzicht verspricht.

Die Marketingfühler des Konsumismus haben die langsame Krise als Möglichkeit entdeckt, neue Produkte zu verkaufen. Sie versprechen, Komfort zu erhalten und gleichzeitig Schaden zu verkleinern. Wie nicht anders zu erwarten, wird getrickst und gelogen, um die einfachste Lösung von allen zu umgehen. Es gibt kein Ding, das umweltfreundlicher ist als – kein Ding.

Verzicht hat viele Gesichter, er wird gepriesen und dämonisiert. Als persönliche Entscheidung gehört er zu den Grundrechten, ebenso aber zu den grundlegenden Stärken, die ein Individuum aufbringen kann. Verzicht steckt im sokratischen Wissen über das eigene Nichtwissen, in der »negative capability«, die der britische Dichter John Keats als Zeichen größter Kunst gepriesen hat, in der Gestalt Siddharthas, wie sie Hermann Hesse beschreibt: ein Mann, der fasten und warten kann.

Wirtschaft und Verwaltung stehen dem Verzicht gleichgültig oder offen feindlich gegenüber. Wer keine Steuererklärung macht, sich keine Papiere besorgt, gar keine Kleider trägt, endet unter Umständen in der Psychiatrie. Wer in einem politischen Amt auf Aktionismus verzichtet, gerät in den Verdacht, »Probleme auszusitzen«, womöglich von den gleichen Personen, die in ihren Ferien einen Yogakurs buchen und sich im Spa entschleunigen.

Während es Individuen gibt, die vom Elaborierten zum Einfachen zurückkehren und Freude daran haben, werden gesellschaftliche Strukturen nicht schmaler. Das kann man an den immer dicker werdenden Gesetzbüchern beobachten. Gesetz und Rechte erben sich nicht nur fort, wie der Dichter sagt; sie vermehren sich ständig. Es ist, als müsste sich die Evolution vom Einzeller zum Wirbeltier in der menschlichen Kultur spiegeln, die auch immer vielfältiger, größer, reicher und störanfälliger geworden ist.

Das könnten wir, wie die Evolutionisten des 19. und 20. Jahrhunderts, entspannt zur Kenntnis nehmen, wenn dabei nicht Gebilde entstünden, die Meere vergiften, das Eis der Polkappen zum Schmelzen bringen und die Vielfalt von Flora und Fauna ausradieren. Diese Gebilde scheinen nur in ihrer eigenen, vom Auge des Einzelnen nicht mehr fassbaren Komplexität zu funktionieren. Wer Megamaschinen wie Schanghai oder Sao Paulo ernsthaft betrachtet, muss bestürzt erkennen, dass sie weder einen Rückbau zulassen noch so bleiben können, wie sie sind.

Wie heftig die Sehnsucht nach einer Aufrechterhaltung der vertrauten Umweltzerstörung ist, hat die Coronakrise gezeigt, in der sich kaum jemand darüber freute, dass plötzlich keine Flugzeuge mehr flogen. Bisher greifen die allgemeine Trägheit der Gesetzgeber und die persönliche Trägheit der Individuen ineinander wie Zahnräder: Der Einzelne sagt, er würde schon gerne etwas ändern, sieht aber nicht ein, warum er verzichten soll, damit andere umso heftiger verbrauchen – er will also nichts tun, ehe nicht der Gesetzgeber eingreift. Der Gesetzgeber kann auf der anderen Seite die entsprechenden Regeln nicht vertreten, weil doch die Individuen mehrheitlich auf ihre toxischen Muster bestehen und Leute wählen, die dagegen keine Einwände haben.

So geht das schon lange Zeit. Die Grenzen der Ressourcen des Planeten sind seit fünfzig Jahren erforscht; dennoch geht der Raubbau weiter. Die Sprache der Dinge ist eben überzeugender als die Sprache der Wissenschaft. Nachdem jedes Jahr bessere, aufwendigere Geräte gebaut werden, die Häuser und Autos immer komfortabler, die Schiffe und Flugzeuge größer, die Waffen vernichtender werden, hat der Glaube an Grenzen nur die magere Vernunft als Verbündete – und wir sehen, wie schwach sie ist.

Vieles, nicht alles, kann hier pessimistisch stimmen. Die Sprecherinnen und Sprecher gegen die bedenkenlose Gefährdung der Lebensgrundlagen verschaffen sich immer mehr Gehör, inspirierten sogar eine eigene Partei. So finden sich neue Mehrheiten, die sich beispielsweise von der typischen Technik des »nach uns die Sintflut« verabschieden: dem Atomkraftwerk. Viel mehr könnte getan werden, aber allmählich wird auch klarer, dass sich die überlieferten Gegensätze der Parteien neu formen. Verleugnung und Bagatellisierung der ökologischen Probleme sind nicht besiegt, aber ernstlich bedrängt.

## Über den Zwang, einen Ast abzusägen, auf dem ich sitzen wollte

Die Szene ist der Psychotherapeutin nur allzu vertraut: Da hat sie viele Wochen mit einer Frau gearbeitet, die bitterlich über lange Einsamkeit klagt und sich nichts sehnlicher wünscht als eine ganz normale Beziehung. Endlich ist sie fündig geworden; die Therapeutin hat den Eindruck, dass der Mann, in den sie sich verliebt hat, ehrlich an einer Partnerschaft interessiert und auch sonst nicht uneben ist.

Wenn die ersten Katarakte der Verliebtheit überwunden sind, die Liebe sich in ruhigem Fahrwasser entwickeln könnte, trübt sich das Glück. Nicht nur der Erlöser aus Jahren unfreiwilligen Alleinlebens und heftiger Sehnsucht wird an einem Ideal gemessen, das er nicht erfüllen kann; auch die Therapeutin, die auf Anerkennung und ein wenig Dankbarkeit hofft, weil sie der Patientin aus ihrer Näheangst herausgeholfen hat, geht leer aus.

Sie wird sogar angegriffen, wenn sie zögert, die Patientin darin zu unterstützen, sich möglichst schnell von dem soeben noch freudig präsentierten Männerfund zu verabschieden. Ihr Geschmack wird kritisiert (»Wollen Sie etwa behaupten, dass Sie einen so trivialen Typen ertragen könnten?«) oder kategorisch festgestellt, was die Therapeutin da andeute, sei doch das Ansinnen, Ekel zu ignorieren, der sie inzwischen überfalle, wenn sie des Partners ansichtig werde. Das Leid an der Beziehungslosigkeit scheint vergessen, das Interesse verschwunden, nach einer gemeinsamen Zukunft zu suchen.

Eine Künstlerin wird mitten in einem Projekt schwanger. Ihr Freund, der sie bisher unterstützt hat, lehnt das Kind ab. Er trennt sich von ihr, als sie sich weigert, die Schwangerschaft unterbrechen zu lassen, zahlt nur unter Zwang den Mindestbeitrag für die Tochter und will diese auch nicht sehen. Die Künstlerin schlägt sich mit Jobs durch und sieht keine Chance, ihre Projekte weiterzuentwickeln.

Daher ist sie überglücklich, einen attraktiven, vermögenden Mann zu treffen, der sie und ihre Arbeiten bewundert und bereit ist, den Lebensunterhalt für sie und ihre Tochter zu bestreiten, damit sie wieder ungestört arbeiten kann. Sie bauen zusammen ein Haus, richten einen Arbeitsraum für sie ein; es könnte so schön sein, wenn sie nicht mit jeder Erfüllung ihrer Wünsche immer eifersüchtiger würde. Ihr Partner ist geschieden; sie macht ihm Szenen, er hätte seine Ex-Frau mehr geliebt als sie, mit ihr hätte er Kinder gehabt, mit ihr keine. Als sie entdeckt, dass er Kontakt mit der Rivalin hat, ohne ihr Bescheid zu geben (es geht um das Studium des erwachsenen Sohnes), zertrümmert sie seinen Laptop, auf dem sie die schuldige Mail entdeckt hat. Trennung steht im Raum.

Solche Fälle erinnern an Beobachtungen Freuds. In *Einige Charaktertypen aus der psychoanalytischen Arbeit* beschreibt er eine Gruppe von Neurotikern unter dem Titel: *Die am Erfolge scheitern.* Er beginnt mit der These, dass Neurosen aus der Versagung eines leidenschaftlichen Wunsches entstehen, die Regression und Symptombildung in Gang setzt, und fährt fort:

> Um so mehr muß es überraschend, ja verwirrend wirken, wenn man als Arzt die Erfahrung macht, daß Menschen gelegentlich gerade dann erkranken, wenn ihnen ein tief begründeter und lange gehegter Wunsch in Erfüllung gegangen ist. Es sieht dann so aus, als ob sie ihr Glück nicht vertragen würden, denn an dem ursächlichen Zusammenhange zwischen dem Erfolge und der Erkrankung kann man nicht zweifeln.[31]

Freud berichtet von zwei Beobachtungen: Eine junge Frau reißt sich vom Elternhaus los und droht auf die schiefe Bahn zu geraten, bis sie einen Künstler kennenlernt, der sich in sie verliebt und sie in sein Haus aufnimmt. Was ihr Glück noch trübt, ist die Ablehnung seiner Verwandtschaft gegen die neue Lebensgefährtin. Als diese Vorbehalte überwunden sind und der Mann es durchsetzen kann, sie zu ehelichen, zerstört sie das Gewonnene, statt es zu genießen.

Sie vernachlässigt den Haushalt, fühlt sich von den Verwandten ihres Partners verfolgt und plagt diesen durch sinnlose Eifersucht.

Eine zweite Beobachtung Freuds gilt einem akademischen Kollegen, der jahrelang die Position seines Doktorvaters begehrt hat. Als er endlich zu dessen Nachfolger gewählt wird, beginnt er an seinen Fähigkeiten zu zweifeln, erklärt sich für unwürdig und braucht Jahre, um eine Melancholie zu überwinden, die ihn arbeitsunfähig macht.

Freud deutete diese paradoxen Reaktionen als Folge unbewusster Schuldgefühle: Der ehrgeizige Doktorand hat dem verehrten Professor insgeheim den Tod gewünscht; in dem Augenblick, in dem er sein Ziel erreicht hat und dessen Lehrstuhl besetzen könnte, stürzen sich die Rachegeister auf ihn. Ähnlich ist die junge Frau vor dem Wunsch geflohen, den Vater der Mutter abspenstig zu machen; deshalb kann sie den Sieg über die missgünstige Verwandtschaft nicht genießen, sondern muss sogar die bisher mögliche Hingabe an den Partner aufkündigen.

Der Hinweis auf die beiden Ur-Verbrechen Vatermord und Mutterinzest, den Freud in seiner Studie über die Charaktertypen wiederholt, macht weitere Untersuchungen keineswegs unnötig. Ich befürchte sogar, dass die Unfähigkeit, sich eines Erfolgs zu freuen, ebenso wie die Neigung, eine mühsam gewonnene Sicherheit festzuhalten und zu genießen, viel weiter verbreitet sind als unbewusste Fixierungen an den Ödipuskomplex.[32]

Wer ein idealisiertes Ziel erreicht hat, hat nun erst einmal nichts mehr zu erkämpfen und zu streben, er soll zufrieden sein und genießen. Er fühlt sich in dieser Situation des ruhigen Genießens mit umso höherer Wahrscheinlichkeit fehl am Platze, je tiefer sich die Prägungen der Leistungskultur in seiner Persönlichkeit verankert haben. Der zum Professor gewählte Doktorand muss erkennen, dass er jetzt den Platz des »Vaters« erobert hat – und das soll es gewesen sein? Das Ende seiner Karriere, dieser so unangenehm vertraute Lehrstuhl, den er für alle Zukunft mit einem Gespenst teilen wird?

Das Über-Ich ist eine rückwärtsgewandte Instanz, aber leben müssen wir vorwärts. Das Scheitern am Glück durch unbewusste Schuldgefühle zu erklären, ist ein Gedanke, der zu einer Gesellschaft gehört, die sich noch recht fest in ihren Traditionen halten kann, auch wenn diese den Entwicklungs- und Freiheitswünschen der Individuen nicht mehr entsprechen. Das ist die Situation, zu der um 1900 die Entdeckung der Psychoanalyse passte wie der Schlüssel ins Schloss. Wie die Rachegöttinnen der Antike verfolgen die Schuldgefühle Täter oder Täterin. Sie strafen für Getanes, nicht für Entgangenes, Unerreichtes.

In Freuds Skizzen ebenso wie den beiden ersten Fällen scheinen aber noch weitere Mächte am Werk, individuelle wie kollektive. Wer sich eifrig daranmacht, den Ast abzusägen, den er als Ruheplatz ersehnte, vermeidet die Gefahren der Abhängigkeit, der Bequemlichkeit, er tut etwas, das ihn beweglich erhält, seine Kletterfertigkeit am Erschlaffen hindert. Er entgeht der narzisstischen Kränkung, es nicht weiter gebracht zu haben als eben bis hierhin, tauscht den sicheren Ort gegen eine neue Unsicherheit und kann vielleicht auch erst einmal die Bedenken ausblenden, ob er einen schlechteren oder – Panik – gar keinen neuen Ast finden wird. Er vermeidet die Verpflichtung zur Dankbarkeit, die sich bedrückend auf ein von Rivalität geprägtes Gemüt legt. Wenn ich dankbar sein soll, ohne ebenso viel, besser mehr, zurückgeben zu können, bin ich Verlierer, bin ich Wurm.

Freud konnte nicht abschätzen, wie prophetisch sein Satz von den Menschen war, die am Erfolge scheitern. Er spricht von uns allen, aber er konnte das Fatum nicht fassen, das nicht im Schuldgefühl über den Wunsch nach Mord und Inzest wurzelt, sondern in der Rastlosigkeit des Kulturfortschritts selbst. Unser Erfolg in der Ausbeutung der Natur ist so großartig, dass wir dringend eine weniger auf Wachstum ausgerichtete Kultur bräuchten, ohne aber den Weg zu finden, der zu ihr führt.

Der Kulturfortschritt steht als größte Leistung der Menschheit vor uns; es ist fast unmöglich, sich einer geistigen Haltung zu entziehen, die unsere Sicherheiten und Bequemlichkeiten der Tätigkeit jener zuschreibt, die vor uns da waren, die sich bemüht haben und uns die Verpflichtung auferlegen, das Errungene nicht nur zu bewahren, sondern möglichst zu steigern, ihm etwas hinzuzufügen.

Der in diesem Muster enthaltene Druck ist es, der schon in der Gegenwart viele junge Menschen mutlos macht und in den Rückzug treibt. Sie haben ein paar Schritte getan, sie fielen ihnen schwer genug, am Ende aber steht die Gewissheit, dass alles, was sie erreicht haben, geringer ist als die Leistung ihrer Väter und Vorväter. Noch ist das vorwiegend ein Männerproblem, die meisten Hikikomori sind junge Männer, aber Frauen holen auf in diesem Wettbewerb der Selbstzerstörung.

Das meiste Glück gibt es dort, wo die wenigsten Vergleiche sind. Wenn unsere Tischnachbarin sich die Lippen abwischt und seufzt »Das war das beste Stück Kuchen, das ich jemals gegessen habe«, sind wir geneigt, das übertrieben zu finden. Sie muss sich doch sehr überschätzen, wenn sie vorgibt, sich an den Wohlgeschmack jedes einzelnen Stücks Torte zu erinnern. Der einfache Superlativ, etwa wie sehr oder besonders gut, wäre glaubwürdiger, obwohl die Frage bleibt, warum der Indikativ so unbeliebt geworden ist.

Werturteile appellieren nicht nur an die manische Abwehr, sie *sind* Abwehr. Sich einem Genuss hinzugeben, sich in ihm aufzulösen, lässt verstummen. Wer hingegen gar Superlativ und Singularität koppelt, weckt den Verdacht, dass er weniger genießt, als andere von seinem ganz besonderen Genießen überzeugen will. Das Stöhnen des Pornostars sucht diese Aufgabe zu erfüllen. Womöglich fällt der Satz »Dies ist der beste Ast, auf dem ich jemals saß« kurz vor dem Moment, von dem an sich die Säge ins Holz frisst.

Glück ist umso glücklicher, je selbstvergessener es gedeiht. Der Fortschritt macht also nicht glücklich, im Gegenteil. Das hat er auch niemals versprochen, er hat nur behauptet: »Ich schütze euch davor, unglücklich zu sein«. Dinge und Dienstleistungen werden nicht allein mit Geld bezahlt, sondern auch mit Ängsten – sie sich nicht leisten zu können oder in einer der Leistungen zu versagen, ohne die wir keinen sicheren Ort in einer zunehmend unübersichtlichen, komplexeren, sich schneller wandelnden Welt finden können.

*Kapitel 10*

# Fortschritt und Fruchtbarkeit

Es gibt im Leben Ereignisse, die uns zustoßen; andere, für die wir uns entscheiden. Über letzteren schweben wie eine Schar Greifvögel die Schuldgefühle. Wo etwas entschieden wurde und sich als Fehlgriff erweist, stoßen sie zu. Was einfach so passiert, bleibt von ihren Krallen verschont.

Der kulturelle Fortschritt hat uns mehr und mehr Entscheidungsmöglichkeiten beschert. Sie sind erst langsam, mit der Industrialisierung aber exponentiell gewachsen. Einiges dazu ist schon ausgeführt worden, etwa die Entscheidung, den eigenen Körper so zu lassen, wie er nun einmal ist, oder ihn mehr oder weniger einschneidend zu verändern.

Ein anderer Aspekt sind die unendlichen Angebote, den eigenen körperlichen oder seelischen Zustand zu verbessern, sich der Funktionen des eigenen Organismus zu vergewissern oder das eben sein zu lassen.

Lasse ich meinen Darm mit dem Endoskop untersuchen oder nicht? Wie oft gehe ich zur Krebsvorsorgeuntersuchung? Ist es sicher oder gefährlich, eine Mammografie zu machen? Messe ich meinen Blutdruck? Binde ich mir einen Minicomputer ans Handgelenk, der mir sagt, wie viel ich heute noch an Bewegung absolvieren muss, oder lasse ich es bleiben? Lasse ich mit beraten, coachen, supervidieren, therapieren? Wenn ich Hilfe brauche, welcher Helfer, welche Helfer-Schule ist die beste? Und wenn ich mich nicht entscheiden kann – gibt es jemand, der mir sagt, was die beste Entscheidung ist? Und habe ich mich in der Wahl dieses Jemands richtig entschieden?

Besonders dramatische Folgen hat der Fortschritt an Entscheidungsmöglichkeiten in den sexuellen Beziehungen. Er hat die während der menschlichen Evolution selbstverständliche Verbindung zwischen sexueller Lust und Schwangerschaft durchtrennt. Solange diese Verbindung funktionierte, wurde die Fertilität in Menschengruppen kaum von außen kontrolliert. Begehren und Lust sorgten für Anziehung und Vereinigung der Sexualpartner; Schwangerschaft und Geburt weckten die Fürsorge für die nächste Generation.

Der Sündenfall ins Eigentum griff nach dieser Regulierung. Jetzt wurde die Sexualität domestiziert, im christlichen Abendland sogar dämonisiert, im Prinzip verboten und nur ausnahmsweise erlaubt, um legitime Nachkommen zu produzieren. Noch im Weimar der Goethezeit kamen Frauen, die ein uneheliches Kind gebaren, ins Gefängnis. Mütter, die aus Angst vor dieser Strafe ihr Kind töteten, wurden geköpft. Der Minister Goethe, ein gelernter Jurist, hätte ein solches Todesurteil abwenden können. Er tat es nicht und verarbeitete den Fall später in den Gretchen-Szenen der Faust-Tragödie.

Heute entscheiden Frauen und ihre Partner, ob und wann sie Kinder bekommen wollen. Es ist ein großer Fortschritt an Freiheit, aber er bürdet der Psyche eine Last auf, die sie erdrücken kann. Praktische und ethische Gründe sprechen dafür, dem Kind zwei belastbare Eltern zu verschaffen. Natürlich kann sich eine Frau auch erlauben, verhütungsfreien Sex zu genießen, jedes Kind auszutragen, das entsteht, und darauf zu vertrauen, dass sich Männer oder Frauen finden werden, die sie unterstützen, sobald das Baby geboren ist.

Aber die meisten Frauen und Männer wollen sichergehen. Sie wollen ein Kind nur dann, wenn sie in einer Partnerschaft leben, die diesen Wunsch »trägt« – was bedeutet, dass vorher ein Paar formiert werden muss, das wechselseitig so voneinander überzeugt ist, dass Frau und Mann an den guten Ausgang des Unternehmens glauben. Nun ist in diesem Punkt die menschliche Potenz, die Realität zu leugnen, kaum zu überschätzen. Ohne die Bereitschaft, Zweifel und Bedenken hintanzustellen, würde die Geburtenrate noch weit tiefer sinken, als sie das in den hoch entwickelten Ländern bereits getan hat.

Dennoch kennt jeder praktizierende Psychotherapeut Patientinnen, die dieser Fortschritt an Verfügungsgewalt und Selbstbestimmung in eine Falle gelockt hat. Sie fühlten sich selbst oder ihre Liebesbeziehungen und ihre Partner nicht reif genug für ein Kind. Die Realität belohnt solche Sorgfalt nicht, im Gegenteil.

Denken wir an eine 18-Jährige, die unbekümmert Sex hat und schwanger wird. Biologisch ist das optimal. Ein Organismus, der Nächte durchfeiern kann, ist physisch besser auf ein Baby vorbereitet als der einer Spätgebärenden[33], ganz zu schweigen von der besseren Wundheilung und der höheren Elastizität aller Gewebe. In einer modernen Familie wird diese 18-Jährige erlebt wie eine Katastrophe; sie und ihre Umgebung kreisen um das Empfinden, schuldig zu sein, versagt zu haben. In der Regel fühlt sich die 18-Jährige nicht »reif« genug, so wenig wie ihr die Umstehenden zutrauen, ein Baby großzuziehen. Wenn sie dann 38 ist und unbedingt ein Kind haben möchte, wenn alles passt und sie neben ihrem Mann in der Fertilitätssprechstunde sitzt, legt sich das damals Weggemachte wie Blei auf ihre Seele.

Wer Paare in der Phase der Familiengründung berät, kommt nicht selten zusammen mit ihnen zu der Einsicht, dass eine Schwangerschaft, die einfach passiert ist, weniger Stress macht als die nach genauer Abwägung und Problemanalyse geplante. Der Mensch ist viel besser darauf vorbereitet, die Realität zu bewältigen als die Eventualität. In der Realität hat eine junge Familie manche Probleme, andere nicht; sie kann das Lampenfieber schrittweise abarbeiten – es geht schon, irgendwie!

In der Eventualität hat sie alle Probleme auf einmal; keines kann in der Fantasie zufriedenstellend bewältigt werden, ohne dass ein »aber« nachklingt oder ein noch ärgeres Problem konzipiert wird. Medizin, Genetik und Futurologie sind unerschöpfliche Quellen von Bedenken: Was, wenn das Kind eine der vielen

Störungen und Behinderungen hat, von denen der durchschnittlich informierte Zeitgenosse weiß? Wer garantiert Stabilität, droht denn nicht eine Klimakatastrophe? Wird die Partnerschaft die Belastung aushalten, neulich sind er oder sie bei nichtigem Anlass aus der Haut gefahren, aus so unreifem Menschenmaterial lassen sich keine guten Eltern schmieden!

Manches daran wäre unterhaltsam, wenn die Konsequenzen nicht so bitter sein können. Es gibt Paare, die sich streiten, ob ein noch nicht gezeugtes Kind getauft werden soll oder nicht, andere, die prophylaktisch gegen imaginäre Erziehungsmaximen des anderen Elternteils vorgehen oder schon vor der Schwangerschaft sicherstellen wollen, welche unliebsamen Verwandten auf gar keinen Fall miterziehen dürfen.

Unter der Last von Debatten über die richtige Zeit für eine Schwangerschaft, die richtige Beschaffenheit der Ehe, die richtige Erziehung kann die Nähe von Sex und Schwangerschaft verloren gehen. Seit der weibliche Zyklus erforscht ist, gibt es auch die fruchtbaren Tage und mit ihnen Paare, welche durch das Zählen der Tage, das Messen der Körpertemperatur ihr Liebesleben abkühlen.

Wo der Fortschritt uns vorgaukelt, wir könnten Glück erzwingen, macht er uns unglücklich. Das beginnt bei den technischen Anleitungen, wie Frau oder Mann optimal zum Orgasmus gebracht werden. Den Autoren ist ihre Anmaßung nicht bewusst. Je mehr fremde, ihrem Wesen nach kalte Gedanken die Liebenden in ihre gemeinsame Welt eindringen lassen, desto weniger erotische Kreativität können sie gemeinsam entfalten.

Oft reicht schon das zielgerichtete Bemühen aus, um einen sensiblen Austausch zu stören. Viel Sexuelles lässt sich nicht nur nicht kontrollieren; es scheint sogar vor einem Kontrollbedürfnis zurückzuweichen und unmerklich seine Funktionen einzustellen. Das typische Beispiel: Organisch ist bei Mann und Frau alles in Ordnung. Aber sie wird trotz intensiver Bemühungen einfach nicht schwanger – bis das Paar resigniert ein Baby adoptiert hat.

Die charakteristische Dynamik der Konsumgesellschaft im Grenzgebiet von Fortschritt und Glück lässt sich mit dem Motto des Löwen in der Fabel vergleichen, der angesichts einer Meinungsverschiedenheit durchaus bereit ist, eine Münze zu werfen, vorausgesetzt, er gewinnt bei Zahl und der Gegner verliert bei Kopf. Es werden Möglichkeiten angeboten. Sie versprechen Glück. Der Kunde zahlt für die Hoffnung; der Verkäufer behält das Geld, auch wenn sie sich nicht erfüllt.

Ein Beispiel dafür sind die vielen Internetportale, in denen Flirt und Sex angeboten werden: Nur das Einloggen ist kostenlos; für jede Kommunikation, jedes elektronische Küsschen muss bezahlt werden. Statt der im Bild gezeigten, attraktiven jungen Frauen chatten Billigschreiber und -schreiberinnen, deren Aufgabe es ist, möglichst viel aus den einsamen Kunden zu pressen, die keine der abgebildeten Schönen je zu fassen kriegen.

Ein anderes Beispiel ist das Versprechen an Frauen, sie könnten Kinder bekommen, solange sie wollen, wenn sie ihre jugendfrischen Eier rechtzeitig einfrieren. Technisch ist das machbar, aber die Prozedur ist unangenehm und die Erfolgsaussichten schwanken sehr. Auch seelisch belastbare Personen in stabilen Beziehungen stehen die Prozeduren der künstlichen Befruchtung nur mit Mühe durch.

In den westlichen Industriegesellschaften werden gegenwärtig rund drei Prozent aller Neugeborenen biotechnologisch gezeugt. Es ist ein riesiger Markt, der in Deutschland strenger reglementiert ist als in anderen EU-Ländern, in denen beispielsweise auch Eizellspenden möglich sind. Bisher von Natur und Ethik vorgegebene Schranken gelten nicht mehr: 60-Jährige können Babys austragen, Spender und Spenderinnen bieten ihre Dienste an. Vieles ist machbar, aber mit der Machbarkeit wächst auch die seelische Belastung.

Das durch die technischen Manipulationen beeinträchtigte Sexualleben kann sich erholen, vor allem, wenn das Wunschkind tatsächlich den Aufwand belohnt. Wenn aber die Schwangerschaft trotz wiederholter Versuche ausbleibt oder, noch belastender, mehrmals nach Wochen oder Monaten wieder verloren geht, erholen sich viele Paare nicht mehr.

In den Zeiten vor der Fertilitätsmedizin war unfreiwillige Unfruchtbarkeit nicht ganz so kränkend wie heute, denn sie hatte den Vorteil, dass eine Frau die Gefahren von Geburt und Kindbett nicht auf sich nehmen musste. Vor allem war sie ein Schicksalsschlag, der ertragen werden konnte, aber keine Entscheidungen forderte.

Der Fortschritt hat das Glück der Reproduktion auch jenen versprochen, die nicht spontan schwanger werden. Aber er fordert einen hohen Preis. Wie weit will ein Paar gehen, um ein Kind zu bekommen? Die Last der Entscheidungen wiegt schwer. Manche Prozeduren sind schmerzhaft und teuer. Sie entkräften die Binsenweisheit, dass Kinder zeugen lustvoll, sie gebären und für sie sorgen aber anstrengend ist. Wenn eine nach den Regeln der medizinischen Kunst eingeleitete Befruchtung und Implantation wiederholt scheitert, wird der seelische Schmerz über die eigene Kinderlosigkeit zu einem heftigen Trauma.

Die hartnäckige Wiederkehr des Traumas der verlorenen Schwangerschaft lässt sich nach dem Prinzip der intermittierenden Verstärkung erklären.[34] Ein Verzicht, der sich überzeugend als unvermeidbar darstellt, setzt andere Verarbeitungsmechanismen in Gang als die Schranken, die sich dem Schritt zum Erwünschten in den Weg stellen, die aber durch eine energische Verstärkung von Sehnen und Bemühen beseitigt werden *könnten*.

Ein wiederholter Aufbau von Erwartungen, der mit ihnen verbundene Energieaufwand und am Ende die traumatische Versagung verändern das Erleben. Es wird dem Ich erschwert, das Thema loszulassen, auch wenn auf einer rationalen Ebene die Aussichtslosigkeit aller Bemühungen akzeptiert und der Entschluss gefasst ist, das Ziel aufzugeben.

»Gib einem Menschen Macht, und er läuft Gefahr, sie zu missbrauchen«, hat Montesquieu gesagt – die pessimistische Zuspitzung des berühmteren Satzes von Abraham Lincoln.[35] Dieser Gedanke lässt sich auch auf die Macht der Technik über das menschliche Leben übertragen.

In einem Zusammenspiel von individuellem Begehren und technischem Angebot werden Grenzüberschreitungen fixiert. Sie machen Menschen unglücklich, die ohne das technische Angebot und die damit verbundene, ständige Stimulation des Begehrens den Wunsch längst aufgegeben und sich Lebensbereichen zugewandt hätten, in denen ihr Bemühen Aussicht auf Erfolg hat.

Die Produktion von Unglück durch die elementare Unfähigkeit der menschlichen Psyche, Risiken rational zu erleben, wird zum Schatten des Fortschritts. Weder Furcht noch die mit ihr so eng verwandte Hoffnung gehorchen dem Ordnungsruf der Vernunft. Davon leben nicht nur »Glücksspiele«, die schon immer mehr Menschen unglücklich als glücklich gemacht haben. Wer intensiv wünscht, wer sich heftig fürchtet, ignoriert jede Wahrscheinlichkeit. Auch die minimale Chance weckt Hoffnung; auch die unwahrscheinlichste Gefahr Angst und Vermeidung.

Der Fortschritt vom Fatalismus zur Selbstverwirklichung war unvermeidbar, aber es ist nützlich, sich seine Kosten zu vergegenwärtigen und ihn auf keinen Fall zu überschätzen. Der Absturz in die Depression ist fast unvermeidlich, wenn sich der Glaube an die Machbarkeit des Unwahrscheinlichen fixiert. Wer seine als »normal« imaginierten Ziele, die in Wahrheit perfektionistische sind, nicht erreicht, wird dem Gefühl der Wertlosigkeit schwerlich entgehen.

Volk und Knecht und Überwinder
Sie gestehn zu jeder Zeit
Höchstes Glück der Erdenkinder
Sei nur die Persönlichkeit.
Jedes Leben sei zu führen
Wenn man sich nicht selbst vermißt
Alles könne man verlieren
Wenn man bliebe, was man ist.[36]

Die Entdeckung der »Persönlichkeit« gehört in diesen Kontext, ebenso wie die Aussage »so habe ich mir mein Leben nicht vorgestellt«. Zu leben, zu atmen verliert seinen unanfechtbaren Wert; es muss das *richtige* Leben sein, das dem eigenen Entwurf entspricht. Und je zäher wir an diesem Entwurf festhalten, je hartnäckiger wir alle Hindernisse auf dem Weg zu ihm bekämpfen, desto schlimmer wird es, ihn nicht zu erfüllen. Wieder macht sich bemerkbar, dass wir gut zur Bewältigung realer Gefahren gerüstet sind, aber mit dem Möglichen nicht umgehen können, sobald Hoffnung und Gefahr sich mit starken Affekten verbinden.

Die künstliche Befruchtung ist immer ein heftiger Einbruch in die idealisierte Welt der romantischen Liebe. Nun gehört es zum Schritt von der Liebesüberschätzung in der ersten Phase einer Beziehung zur alltagstauglichen Verbindung zweier Menschen, sich von Perfektionsvorstellungen zu verabschieden. Aber die Invasion medizinischer Instrumente in die Intimsphäre wird nicht von allen Paaren verkraftet.

Vor Jahren erfuhr ich auf Umwegen von einer Patientin, die nach dieser Prozedur einen Liebeswahn entwickelte, in dessen Zentrum der Gynäkologe stand, der die befruchteten Eizellen in den Uterus eingepflanzt hatte. Eine ihrer Phantasien war, der Arzt habe sie auf dem gynäkologischen Stuhl vergewaltigt, eine andere konstruierte sadistische Aktionen während der Untersuchungen. Als sie dem Ehemann davon erzählte, wollte dieser den Arzt anzeigen und verstand die Panik seiner Partnerin nicht, die das um jeden Preis verhindern wollte.

Solche Entwicklungen flößen Respekt vor der Macht der romantischen Liebe über das Unbewusste ein: Der technisch vorgehende, auf die Funktionen der Fortpflanzung konzentrierte Arzt wird erst einmal als Liebhaber entworfen, dann aber, aufgrund der Einmischung des real Erlebten in dieses Phantasiegebilde, zum bösartigen Sadisten verzerrt. Der Drang des Ehemanns, diese Schimäre von der Polizei dingfest machen zu lassen, reißt die schlafende Vernunft aus ihrem Traum. Hoffen wir, dass es dem Partner der verstörten Frau gelingt, mit ihr zu den Ursprüngen ihrer gemeinsamen Erotik zurückzufinden und so den Eindringling wirkungsvoller zu vertreiben.

Dazu noch ein Gedanke, der sich auf den Beitrag von Psychotherapeutinnen und Psychotherapeuten zum Glück bezieht. Ich meine, dass sie sich überschätzen, wenn sie danach streben, ihre Patientinnen und Patienten glücklich zu machen. Was zu leisten ist und oft gelingt, ist Entlastung in dem Sinn, sie ein wenig vom Unglück zu befreien und auf jeden Fall das Menschenmögliche zu leisten, den Kontakt in der Therapie so zu gestalten, dass keine zusätzlichen Ängste und Kränkungen entstehen.

Darüber hinaus erweisen sich auch Überlegungen zu den Belastungen durch den Fortschritt als hilfreich. Wer einem Glücksversprechen zum Opfer gefallen und gescheitert ist, fühlt sich nicht allein durch das Scheitern beeinträchtigt, sondern auch durch seine Verführbarkeit und seinen zur Illusionshörigkeit entwerteten Glauben beschämt. »Ich bin selbst schuld und darf nicht klagen«, sagt er sich. Solche Sätze gehören in eine einfachere Welt als unsere gegenwärtige, in der wir selbst dann noch in die Irre gehen können, wenn wir einen Experten an der Seite haben, der versprochen hat, uns durch das Dickicht der Expertisen zu führen.

Erst im Nachhinein sind dann alle klüger. Umso wichtiger ist es, dass wir uns die falschen Entscheidungen verzeihen, die wir nicht vermeiden konnten. Die Therapie sollte die Menschen in diesem Kummer verstehen und sie daran hindern, dass sie sich zu dem unvermeidlichen Leid auch noch den Vorwurf aufbürden, sie hätten bessere Entscheidungen treffen müssen.

*Kapitel 11*

# Fortschritt und Liebesglück

Perfektionismus ist in der Auseinandersetzung mit der unbelebten Natur angebracht und oft unentbehrlich, während er überall dort, wo Gefühle eine Rolle spielen, mehr schadet als nützt. Ich würde das gerne »Kleist's Law« nennen. Heinrich von Kleist verdanken wir eine der ersten und gewiss die eindrucksvollste Beschreibung dieser Gesetzmäßigkeit. Er erwähnt sie auch an anderen Stellen, am ausführlichsten untersucht er sie aber in seinem Aufsatz »Das Marionettentheater«. Dort wendet er es vor allem auf Anmut und Geschicklichkeit an, die in dem Augenblick verloren gehen, in dem Absicht ins Spiel kommt.[37]

Kleist's Law spiegelt sich in der Scherzgeschichte vom Tausendfüßler, der in dem Augenblick nicht mehr laufen kann, in dem er die Antwort auf die Frage in sich sucht, *wie* er das macht. Es prägt die seelische Situation der Frauen mit einem starken Kinderwunsch, die sich öfter als sie mögen die Geschichte von der Freundin anhören müssen, die in dem Augenblick schwanger wurde, als sie die Adoptionspapiere unterschrieben hatte.

Wenn es dann doch mit der Schwangerschaft klappt, wird die Mutter von ihren psychologisch geschulten Freundinnen über den Unterschied zwischen der perfekten Mutter und der *good enough mother* aufgeklärt. Die Mutter, die »gut genug« für das Baby sorgt und sich nicht mit perfektionistischen Ansprüchen quält, ist eine Entdeckung des britischen Kinderarztes und Psychoanalytikers Donald Winnicott.

Die Auseinandersetzung mit dem Perfektionismus hängt eng mit einem grundlegenden Motiv der Aufklärung zusammen: Wissen ist Macht. Der Satz wird meist auf Francis Bacon zurückgeführt, der die moderne Naturwissenschaft begründete und 1626 starb. William Shakespeare, ein Zeitgenosse Bacons, mahnte in dem Monolog Hamlets über »Sein oder Nichtsein« den Schatten des Wissens: Es kann den Menschen ebenso gut lähmen wie befreien. Nichts, am wenigsten das Wissen, ist immer gut, erklärt auch Othello in seinem Monolog über die Qualen der Eifersucht. Ehe er von Desdemonas Untreue erfuhr, schmeckte ihm das Essen und er schlief ruhig; damit ist es jetzt vorbei.

Wo das Ideal bekannt ist, der Weg zu ihm aber unerforscht, rätselhaft und gefährlich, fällt es dem Menschen leichter, sich sein Scheitern zu verzeihen. Zusammen mit der Aufklärung und dem Druck der großen Enzyklopädie entsteht um 1800 auch die Romantik, die uns mit dieser Entfernung vom Ideal vertraut macht: »Da, wo du nicht bist, ist das Glück!«[38]

Inzwischen sind aber immer mehr Bereiche unseres seelischen Lebens kartografiert. Das perfekte Dinner und der perfekte Sex werden in Wort und Bild erfasst, das hohe Ziel genau wie der Weg dorthin. In der Paartherapie erscheinen Männer und Frauen, die sich wechselseitig im Streben nach vollkommener Liebesbeglückung unglücklich machen. Wie eine Fata Morgana entzieht sich der Orgasmus dem fordernden Zugriff.

Der Totengräber der Erotik ist ein Grundprinzip der Wissenschaft: der Vergleich. Sobald Liebende beginnen, zu vergleichen, bricht das Glück zusammen. Der Vergleich führt zum Vorwurf, der Vorwurf vergiftet die Glücksmomente; sobald er sich in den Selbstvorwurf verwandelt, kommt die Depression. »Mit X war der Sex besser als mit dir!« »Dann geh doch zu ihm/ihr!« »Aber X hat mich betrogen!«

Die »glückliche Liebesbeziehung« ist die tiefste Sehnsucht des modernen Menschen, das letzte Versprechen von Kreativität und Magie in einer entzauberten und bürokratisierten Welt. Ihr Glück hat allerdings viele Feinde, aber die ärgsten sind die Liebenden selbst.

Sie wollen es festhalten, ziehen zusammen in eine Wohnung – und schon beginnt der Streit, wer besser aufräumt, ordnet, sorgt. Sie beginnen, sich gegenseitig zu erziehen, zu bewerten, verlieren die Selbstvergessenheit. Noch gefährlicher ist die Vollendung des Glücks im gemeinsamen Kind. Kaum ist es geboren, opfern Frau und Mann ihre Liebe der Aufgabe, einander zu perfekten Eltern zu erziehen.

Dabei sind Kinder die besten Lehrer im Glücklichsein, die es gibt. Sie können den Augenblick genießen, solange wir sie nicht aus ihm vertreiben, weil wir denken, dass sie doch lieber Angst haben sollten, sich nicht gut genug für künftige Aufgaben zu qualifizieren.

Glück ist an Gegenwart gekettet. Als in der Antike eine Glücksgöttin erdacht wurde, stellten die Künstler sie auf eine Kugel, manchmal auch mit einem Fuß auf eine Kugel, mit dem anderen auf ein Boot. Genieße den Augenblick, denn das einzig Sichere an deinem Glücksmoment ist seine Vergänglichkeit, ist die Unmöglichkeit, ihn festzuhalten und verlässlich zu wiederholen.

Wissenschaft und Technik beherrscht die Suche nach dem reproduzierbaren Ergebnis. So erwacht, wie der Vampir in der Gruft, das Projekt des sicheren, des dauernden Glücks und mit ihm, oft zu spät, die Einsicht, dass es zwar nicht möglich ist, dauernd glücklich zu sein, dauerndes Unglück uns aber durchaus in seinen Krallen festhalten kann: in Gestalt des beschämenden Versagens, einem Glücksideal gerecht zu werden.

»Alle glücklichen Familien gleichen einander, jede unglückliche Familie ist auf ihre eigene Weise unglücklich.« Mit diesem Satz beginnt Leo Tolstoi seinen großen Roman über scheiternde und gelingende Ehen. Dass Eros nicht triumphiert, sondern Menschen in einem Netz aus Sehnsucht, Lust und Pflichtgefühl fängt wie eine giftige Spinne, wird im Zug der bürgerlichen Umformung der ständischen Gesellschaft zum Thema großer Frauenromane – Effi Briest, Madame Bovary und eben Anna Karenina.

Fontane, Flaubert und Tolstoi opfern ihre Heldinnen einer normwidrigen Leidenschaft, führen uns aber vor Augen, dass nicht der Mann, sondern die Frau die interessante Figur ist. Während der Mann im 19. Jahrhundert drei Felder hat, auf denen er sich zur Geltung bringen kann – Beruf, Liebe und Familie –, bleiben den Frauen der höheren Stände nur anderthalb Möglichkeiten: eheliche Liebe und Familie. Die unglückliche Frau eines Mannes, der behauptet, eine glückliche Familie zu besitzen, weil doch alles passt, Geld und Haus und Kinder, hat bis in die Gegenwart die Bühne nicht mehr verlassen.

Der deutsche Titel eines Buchs von Gus Napier »Ich dachte, meine Ehe sei gut, bis meine Frau mir sagte, wie sie sich fühlt« passt bis heute auf jedes zweite Paar, das therapeutische Hilfe sucht. Ein Paar muss gut zueinander passen und einen gemeinsamen Humor entwickeln, um mit einem krassen Ungleichgewicht klarzukommen, wenn es das bürgerliche Familienmodell mit Glück füllen möchte: Der Mann zieht hinaus und erobert; die Frau bleibt zu Hause und lehrt die Kinder den Respekt vor Papa.

Solche latent angespannten Familiensysteme explodieren regelrecht, wenn die Hausfrau entdeckt, dass ihr Mann sich noch ein viertes Feld der narzisstischen Bestätigung erschlossen hat: ein Verhältnis zu einem attraktiven Geschöpf neben der Gattin, die an erotischer Faszination eingebüßt hat. Mit diesem Motiv beginnt Tolstois Roman. Fürstin Dolly Oblonskaja wurde von ihrem Ehemann Stiwa betrogen. Er hat ein Verhältnis mit der Gouvernante angefangen. Die Fürstin will sich scheiden lassen, der Haushalt versinkt im Chaos, der Ehemann weiß weder ein noch aus, so hat er sich sein Leben nicht vorgestellt, es war doch nur eine klitzekleine Affäre. Als rettender Engel erscheint Stiwas Schwester Anna Karenina. Sie überzeugt Dolly, ihrer Liebe zu Stepan eine zweite Chance zu geben. Die Ehe ist gerettet.

Mit ihrer eigenen Ehe ist Anna nicht so erfolgreich. Ihr Mann, ein hoher Beamter, interessiert sich weit mehr für seinen Beruf als für seine Frau. In dieser Situation begegnet Anna ihrem späteren Geliebten Aljoscha auf einem Bahnsteig. Er ist Oberst a. D., Großgrundbesitzer und ein auf seine Freiheit bedachter Junggeselle.

Aljoscha verliebt sich in Anna, folgt ihr auf Schritt und Tritt und gewinnt ihre Liebe. Da der Ehemann viel auf Reisen ist, wird erst einmal aus einer unglücklichen Ehe eine glückliche heimliche Liebschaft. Anna Karenina widersteht dem Werben Aljoschas, sich scheiden zu lassen. Sie wird schwanger, gesteht ihre Liebschaft dem Ehemann – und unterwirft sich anfänglich seiner Forderung, den Skandal zu meiden und auf Aljoscha zu verzichten, um ihren Sohn Serjoscha nicht zu verlieren. Nach dem Gesetz, das bis weit ins 20. Jahrhundert hinein in den meisten Ländern Europas die Auflösung einer Ehe regelte, verliert der schuldige Teil das Sorgerecht für die gemeinsamen Kinder. Dieses Schuldrecht dringt als Schuldgefühl in Annas ursprünglich starke Persönlichkeit ein und zerstört sie von innen heraus.

Sie kann sich nicht an ihre kleine Tochter binden, wie sie es an den Sohn getan hat und zankt mit ihrem Geliebten. Es ist ein Ritual der Selbstbestrafung, der ohnmächtigen Wut gegen eine Gesellschaft, die Männer für Willensstärke und Energie belohnt, Frauen aber bestraft. Anna Karenina wirft sich schließlich vor einen Zug; auf einem Bahnsteig hat ihre schicksalshafte Liebe begonnen, dort soll sie auch enden. Das ist ihre einzige Möglichkeit, der männlichen Welt, die sie in ihr Schuldgefühl gestürzt hat, diese Emotion zurückzuspielen.

Mit dem klassischen Glücksmodell des *carpe diem*, pflücke den Tag, freu dich des Lebens, als ob es der Einzige wäre, den du übrighast, lässt sich keine Ehe führen. In diesem Punkt sind sich die Romanciers des 19. Jahrhunderts mit den Autoren der großen Melodramen aus Hollywood einig. Disziplin und Anpassung an die kulturellen, von männlichen Privilegien geprägten Erwartungen machen zwar nicht glücklich, bewahren aber vor den ärgsten Abstürzen.

Hat die Emanzipation von diesem traditionellen Rollenmodell den Perfektionismus überwunden? Leider nein: Während sich die Gelegenheiten multiplizieren, in der Liebe verletzt und entwertet zu werden, wächst zugleich die Empfindlichkeit gegen Liebeskränkungen, weil der Perfektionsanspruch sogar noch zugenommen hat. Männer und Frauen begehren heute Traumatherapie, weil es mit einer Liebesbeziehung nicht geklappt hat. Verlassen zu werden, wo ich doch liebe und begehre, überfordert die Kränkungsverarbeitung.

Ein derart ausgeweitetes Trauma-Modell gleicht in seinen Folgen dem biblischen Gleichnis vom bösen Geist, der zurückkehrt und sieben noch bösere mitbringt.[39] Es fördert die Illusion, durch den Kampf gegen die Dämonen der falschen Liebe ließe sich die richtige herbeizwingen. Die frühe Psychoanalyse hat dieses Modell in die Welt gesetzt; seither treibt es sein Unwesen. Das soll kein Einspruch gegen die Forschung an seelischen Verletzungen und ihre Folgen für die Psyche sein, sondern eine Kritik an dem Versprechen, durch die Erinnerung an vergessene seelische Verletzungen ließe sich die menschliche Psyche optimieren: »Wenn Liebeskummer heftig schmerzt, heißt das womöglich, dass etwas mit mir nicht in Ordnung ist und ich nach traumatischen Prägungen suchen muss, die mir das erklären.«

Die entsprechende »Erinnerungsarbeit« wird dadurch zu einer Dienstleistung in therapeutischem Gewand, die mit der Verheißung hausiert, wer sich an bisher nicht bewusste Traumatisierungen erinnere, werde dadurch glücklicher. Das Modell ist verführerisch: Das verdrängte Trauma hängt wie Blei an den Seelenflügeln; ist es erinnert, wird die Seele frei und fliegt in den Himmel.

Es gibt keine Beweise dafür, dass das funktioniert; viele Beobachtungen sprechen aber für das Gegenteil. Die erinnerten Verletzungen befreien nicht, sie bedrücken das bereits belastete Selbstgefühl noch mehr. Sie gefährden den Zusammenhalt von Familien und die Integration im Freundeskreis, weil solche Erinnerungen oft mit fanatischem Wahrheitsanspruch vorgetragen werden und keinen Zweifel, keine Frage nach Beweisen dulden.

Nun wird niemand nach Traumata suchen, der sich in seiner Haut und in seinem Leben wohlfühlt. Die Aufgabe, sich in einer modernen Gesellschaft zurechtzufinden, ist anspruchsvoll; die dazu nötigen psychischen Voraussetzungen sind ungleich und unter dem Blickpunkt des demokratischen Ideals ungerecht verteilt. Wer sich die eigenen Ansprüche an Geltung und Glück nicht erfüllen kann, erlebt sich durch die Konstruktion von Schuldigen entlastet. Diese Dynamik entfaltet sich in der aufmerksamkeitsgeilen Medienwelt intensiv.

Aus der eigenen Geschichte zu lernen, ist der Kulturprozess schlechthin. Wer nicht zuhören, nicht von den Erfahrungen anderer Menschen profitieren kann, verschlechtert seine Chancen. Die Menschen der Altsteinzeit überlebten, weil Kinder von den Erwachsenen lernten, giftige und essbare Pflanzen, gefährliche und ungefährliche Begegnungen mit Beutetieren zu unterscheiden. Es war für sie lebenswichtig, die Geschichte ihres Lebensraums zu kennen, Zyklen des Wachstums, Orte der Fruchtbarkeit, das Verhalten der Beutetiere, Wissen über Gewässer, die auch in der Trockenzeit noch fließen. Ähnliches gilt für benachbarte Gruppen: Sind sie Freunde oder Feinde? Welche Sprache sprechen sie? Was haben wir für Erfahrungen mit ihnen gemacht?

Wo sich aber Menschen nahekommen, in Familien, in Freundschaft und Liebe, wird Erinnerung zweischneidig. Kenntnisse über menschliche Differenzen sind nützlich, um Konflikte nicht zu wiederholen. Sobald aber eine Wiederholung ausgeschlossen ist, ist es nicht mehr heilsam, sich durch die Erinnerung an Gefahren zu blockieren. So wichtig es ist, die Geschichte zu kennen und Lehren aus ihr zu ziehen, so wenig sollte sie ein Geschehen unterbrechen, gar beherrschen, das von aktuellen Gefühlen autonomer Personen geprägt ist. Daher steckt eine unerschütterliche Weisheit in der Liedstrophe »Glücklich ist / wer vergisst / was nicht mehr zu ändern ist.«[40]

Immer wieder wird der Paartherapeut einen Dialog unterbrechen müssen, in dem Paare miteinander kämpfen und versuchen, sich wechselseitig ihr subjektives Erleben zu verbieten. Sie können nicht ertragen, dass ihr Gegenüber eine Situation anders erlebt hat als sie. Die therapeutische Aufgabe liegt dann darin, solche Differenzen interessant zu finden, nicht bedrohlich oder böse. Wenn es gelingt, sie zu erforschen, ist viel gewonnen.

Diese forschende Haltung setzt voraus, dass erst einmal ein Stück Verzicht geleistet wird: Ich muss den Gewinn an Sicherheit opfern, der darin liegt, dass meine Wahrnehmung »richtig« ist und die des Gegenübers »falsch«. Das ist an kaum einem Ort schwieriger als in der Erotik. Die traditionellen Mythen vom erobernden, aktiven Mann und der sich hingebenden Frau sind noch längst nicht machtlos geworden, finden aber keinen Halt mehr in der Kultur. Der moderne Mann kann sich zurücknehmen, sich lieben und erobern lassen; die moderne Frau kann den Mann, der um sie wirbt, sie auf sein Pferd heben und mit ihr in sein Schloss reiten will, halb ironisch abweisen, halb real begehren.

Soll ein Mensch beim ersten »Kein Interesse« jede erotische Bemühung einstellen und sich zurückziehen? Wird er dafür später gescholten oder gelobt – und von wem? Das einzig Sichere in diesem Gebiet ist eine große Unsicherheit – es verwundert eigentlich nicht, dass nach den Sexualstatistiken gegenwärtig erheblich mehr junge Leute im sexuell aktivsten Alter die Selbstbefriedigung der partnerbezogenen Erotik vorziehen.

Seit 2020 hat die Regierung von Dänemark – wie Schweden schon seit 2018 – die ausdrückliche Zustimmung zum Sex gesetzlich vorgeschrieben. Sex ohne Einwilligung wird als Vergewaltigung gewertet. Kurz nach dem Gesetz erschien eine App auf dem dänischen Markt, »iConsent«, die einen gebührenpflichtigen digitalen Vertrag erstellt. Die beiderseitige Zustimmung gilt für jeweils einen Geschlechtsverkehr, läuft nach 24 Stunden ab und lässt sich widerrufen. Die digitale Vereinbarung wird verschlüsselt und gespeichert. Sie kann notfalls als Beweismittel vor Gericht verwendet werden.

Die Entwickler der App spielen mit den Ängsten der Männer. Sie spielen falsch, denn in 24 Stunden kann sich viel ändern. Wenn spontan die Zustimmung zum Sexualakt widerrufen wird, nützt der Vertrag vor Gericht kaum mehr als der Einwand eines Anwaltes, wenn eine Frau die erste Umarmung zulasse, müsse sie auch alles Weitere über sich ergehen lassen.

Solche Gesetze sollen Partner in einen Dialog bringen, der unter Liebenden selbstverständlich ist, um sexuellen Austausch mit seiner Impulsivität und potenziellen Grenzüberschreitung verträglich zu gestalten. Aber es ist keineswegs leicht, den lebendigen Inhalt zu bewahren, wenn die Form Ängste auslöst.

Das Ideal der politisch korrekten Erotik lässt sich, nicht anders als das Ideal der romantischen Liebe, nur durch etwas wie den gemeinsamen Humor der Akteure mit lebendigem Inhalt füllen. Perfektionistisch gehandhabt, läuft das Ideal Gefahr, nicht das Liebesglück zu schützen, sondern die Liebenden unglücklich zu machen.

Eine lehrreiche Geschichte zur Messung von Begegnungen innerhalb einer Liebesbeziehung an diesem Ideal stand im Januar 2021 im Magazin der Süddeutschen Zeitung. Die Autorin, Claudia Porak, erinnert sich nach fünf Jahren, dass ein sexuelles Erlebnis als 17-Jährige mit ihrem zwei Jahre älteren Freund eigentlich eine Vergewaltigung war. Er hatte sie bedrängt, sie hatte sich mehrmals, um Einsicht und Einverständnis bittend, gewehrt, am Ende aber nachgegeben. Nach diesem Ereignis, das zunächst von der Autorin zwar als enttäuschend, aber nicht als Übergriff gewertet wurde, endete die anfangs schwärmerische Beziehung relativ bald, aber durchaus friedlich. Ein Ereignis, das eine enge Freundin der Autorin umtreibt, rückt das Erlebte fünf Jahre später in ein anderes Licht. Ein Mitmieter in deren Wohngemeinschaft war nachts betrunken in ihr Zimmer eingedrungen und hatte ihre Brüste berührt. Die Wohngemeinschaft ist verleidet, aber der Eindringling ist auch ein Freund, dem alles jetzt sehr leidtut und dem sie nicht schaden will.

Mitten in ihrer Empörung über dieses Erlebnis der Freundin überfällt die Autorin die Überzeugung, dass auch sie vergewaltigt worden ist und sich das bisher nicht eingestanden hat. Der Gedanke »meine erste Liebe hat mich vergewaltigt« löst eine heftige Selbstgefühlskrise mit Angstzuständen aus; sie erlebt sich als Opfer, als falsch, ihr ganzes Leben steht in Frage, alles, was sie bisher an Kompetenz und Sicherheit erworben hat, existiert nicht mehr. Ihr Glaube an Liebe und Sicherheit zwischen Menschen zerrüttet sich. Warum hat sie sich nicht durchgesetzt? Warum hat sie das mit sich machen lassen? Warum hatte sie das Gefühl, sie sei im Unrecht, als sie sich weigerte? Warum schämte sie sich damals, nicht nachzugeben, und heute, nachgegeben zu haben? Was stimmt nicht mit ihr?

Die Angst breitet sich aus, sie kann nicht mehr U-Bahn fahren, fürchtet sich vor Hunden, ist depressiv, steht neben sich, erträgt ihren Freund, ihre Familie nicht. Manche Menschen reagieren falsch auf ihr Problem, sie fürchtet, ihre Freundinnen und Freunde zu verlieren. Sie sammelt Statistiken und diskutiert die Gesetzgebung. Frauen werden vom Staat inzwischen besser geschützt – und doch ist das Problem omnipräsent; sogar die Feministinnen, zu denen sie sich selbst zählt, sind selbst Teil des Problems, Teil einer »Vergewaltigungskultur«, denn auch sie selbst hat schon einmal »schnapp sie dir« gesagt, wenn ein Freund zögerte, eine Frau anzusprechen.

Sie findet alle Menschen um sie herum, auch ihre engsten Freunde, bald zu viel und bald zu wenig, weil sie ihr Leben einfach weiterleben. Sie erzählt jedem, der ihr nahesteht, von der Vergewaltigung, aber es erleichtert sie nicht. Sie spricht mit dem Mann, der sie vergewaltigt hat; er behauptet, er hätte nicht gedacht, dass das schlimm für sie sei, und es tue ihm leid. Sie sagt ihm, er habe nur an sich gedacht, spürt keine Wut, umarmt ihn zum Abschied; später denkt sie, ihn anzuzeigen, faule Eier auf seine Wohnung zu werfen, die Reifen seines Fahrrads aufzuschlitzen. Sie wünscht ihm, dass sein Leben auseinanderbricht, wie das mit ihrem geschehen ist.

Eine Therapeutin diagnostiziert eine posttraumatische Belastungsstörung. Über den Verlauf der Behandlung wird nichts berichtet; die Autorin erholt sich allmählich von dem Schock.

Der Bericht endet widersprüchlich: Einerseits arbeitet sich die Autorin nur langsam in das gute Leben zurück, dass sie die vergangenen fünf Jahre hatte; anderseits beschreibt sie sich als reifer, beziehungsfähiger, offener, als traurige, wütende, mutige Frau.[41]

Claudia Poraks Geschichte ist eindrucksvoll erzählt. Man könnte die Geschichte vom Mitbewohner, der nachts ins Zimmer kommt und übergriffig agiert, als Auslöser (Trigger) sehen, der ein traumatisches Erlebnis wachruft. Die Reihe Trauma – Trigger – Flashback gehört zu den grundlegenden Modellen der Traumapsychologie.

Die Autorin schildert einprägsam, dass hier nicht eine Szene erinnert wird, welche die Erzählerin im Augenblick des Erlebens überforderte und verstörte. Die volle traumatische Wirkung entfaltet nicht die Erinnerung, sondern deren Deutung fünf Jahre später. Die verliebte 17-Jährige und ihr 19-jähriger Freund hatten sich etwas anderes voneinander erhofft, als tatsächlich geschehen war. Eine moralische Bewertung lag damals beiden fern, sie waren höchstens enttäuscht.

In der Szene, die vom Mann als »irgendwie dumm«, aber doch erotisch »normal«, von der Frau als Machtausübung und Vergewaltigung erinnert wird, stehen zwei Vorstellungen einer Begegnung gegenüber, die von dem Stärkeren, Älteren durchgesetzt wurde.

Hätte die dauerhafte Verdrängung der Szene mehr zum Glück der Frau beigetragen? Das ist schwer zu entscheiden. Zum Wesen des Perfektionismus gehört, dass er Fehler sehr ernst nimmt. Daher ist sein stärkster Gegner das Spiel. Perfektionisten sind schlechte Verlierer: In der ersten Szene versagt der Mann angesichts der Aufgabe, in den empathischen Umgang mit seiner Freundin zurückzufinden; in der zweiten hätte er gerne, dass sie nicht ernst nimmt, was damals passiert ist. Über ihre Rachefantasien sind wir informiert; seine werden nicht erwähnt.

Was sagt die Geschichte über das Glück in der Liebe? Auf jeden Fall so viel, dass der Kulturfortschritt auch nach der Zurücknahme einer patriarchalischen Doppelmoral lustfeindlich geblieben ist. Die kindliche Autoerotik muss immer noch, durch Elternängste behindert, dem Leistungsdenken und dem Ringen um die Festigung des Selbstgefühls weichen. Wir haben nicht mehr eine Erotik, sondern mindestens zwei: eine politisch korrekte, die perfektionistische Gebote nicht offen infrage stellt, und eine zweite, die sich mit einer Schattenwirtschaft vergleichen lässt, bedeutsam, aber schwer zu fassen und weitgehend sprachlos.

Heute lässt sich in manchen Phänomenen der Helikoptermoral etwas wie die Umkehrung von Nietzsches Aussage über den Gegensatz von Stolz und Gedächtnis fassen. Während Nietzsche die Kraft des Vergessens betont, tritt nun die Erinnerung in den Dienst des Stolzes und kämpft gegen eine Demütigung, an die sich die Täter manchmal gar nicht erinnern. Das Glück von Klägerinnen wie von Angeklagten bleibt auf der Strecke. Die Demütigung kann nicht ungeschehen gemacht werden, aber gerächt: Endlich erfasst sie auch den Täter. Dass auf dem Weg zu diesem Ziel das glückliche Vergessen des nicht mehr zu Ändernden geopfert werden muss, belastet die Betroffenen sehr.

Ist es ein Frevel, sich über diese Frage Gedanken zu machen? Sie scheint dem Ernst der Lage nicht gerecht zu werden. Genauer betrachtet, enthüllen aber auch solche Bedenken die große Verschiebung in unserem Gefühlsleben, die uns der Fortschritt beschert hat: Weg vom Hunger und, wie jetzt deutlich wird, von den sexuellen Leidenschaften, hin zur Angst vor dem Verlust des angesammelten Besitzes, der sicher geglaubten Kontrolle über das eigene Leben, der Erfüllung von Erwartungen, über die der Perfektionismus regiert.

Ein Trauma erschüttert die Lebenszuversicht und löst Ängste aus, es könne sich wiederholen. Aber während unter der Herrschaft von Hunger und Liebe die Hingabe an den glücklichen Augenblick Rückenwind hat, lehren uns Angst und Stolz, nicht nachzulassen in der Belebung von Verletzungen, um den Anspruch auf Wiedergutmachung und Rache nicht zu verlieren.

Politische und persönliche Bedürfnisse im Umgang mit traumatisierenden Erlebnissen sollten auf keinen Fall vermischt werden. Völkermord, Kolonialismus, Sklaverei und sexuellen Missbrauch im kollektiven Gedächtnis zu halten, bleibt eine wichtige politische Aufgabe, unabhängig davon, wie in einer Therapie Menschen darin unterstützt werden, sich von belastenden Erinnerungen zu befreien, indem sie nicht mehr an sie denken.

Eine humane Entwicklung von Staaten wird durch Wachsamkeit und Kampf gegen Vertuschung beziehungsweise Strafvereitelung gefördert. Aber dieser Kampf sollte nicht um den Preis persönlicher Glücksmöglichkeiten, nicht zulasten von traumatisierten Personen geführt werden, die beispielsweise als Zeugen hilfreich wären. Daher ist es ein Kunstfehler, wenn Therapeuten traumatisierte Personen für eigene politische oder ideologische Vorstellungen instrumentalisieren.

## Kränkungsvermeidung und Näheangst

Das Paradox im Zusammenspiel von Fortschritt und Psyche läuft darauf hinaus, dass wir mit jedem Schritt nach vorne, zu mehr Wissen, mehr Lösungs- und Heilungsmöglichkeiten, mehr Anweisung, das Richtige zu tun und das Falsche zu lassen, auch einen Schritt zurück in unserer Fähigkeit machen, Kränkungen zu ertragen, Rückschläge zu verarbeiten, uns falsche Entscheidungen zu verzeihen. Das ist eine Entwicklung, die niemand gern zur Kenntnis nimmt. Sie weckt Abwehr, meist mit dem Argument, der Kritiker müsse eine Lösung anbieten. Wenn er das nicht leiste, gar behaupte, eben dieses Leistungsdenken sei der Fehler, sei er ein Träumer, der es nicht verdiene, ernst genommen zu werden.

In einem Text über »Die Angst vor Nähe« habe ich 1986 untersucht, warum die Vermeidung von Liebesbindungen derart zugenommen hat und ein unglückliches oder gar nicht vorhandenes Liebesleben die Stimmung vieler junger Menschen verdüstert. Dabei ging es um das Streben, Anpassung zu investieren, um Liebeszinsen zu kassieren. Wenn die Verzinsung nicht ausreichend fließt, klagen die Liebenden den Partner und oft auch sich selbst an, sie hätten zu viel in die Beziehung investiert. Die geringe Rendite sei deprimierend zu ertragen. Andere haben sich getrennt, sind aber mutlos geworden, eine neue Beziehung zu riskieren. Oft sind die Ansprüche so hoch, dass die Liebeserwartung sich in der ersten Kränkung auflöst; in anderen Fällen hat das Scheitern der ersten Liebe den Mut geraubt, eine zweite zu wagen.

Dass Liebe scheitert, wird heute nicht mehr als natürlicher Teil des Lebens gewertet, sondern als eine Folge ungenügender Bemühung, versagender Therapie oder Beratung, unvorsichtiger Partnerwahl. Erotische Nähe zu wünschen, zu suchen, sich zu binden, sich zu lösen, ist kein unbefangenes emotionales Geschehen mehr. Wer sich auf Nähe einlässt, betritt eine Gefahrenzone. Single-Haushalte bilden die am schnellsten wachsende Bevölkerungsgruppe in hochindividualisierten Kulturen.

Seit 1986 ist viel geschehen. Vor allem haben sich die Möglichkeiten multipliziert, aus sicherem Abstand Beziehungen anzubahnen und einzuschätzen. Aber die bereits beschriebene Optimierungsfalle prägt nicht nur das Körpergefühl und die Erziehung, sondern auch das Liebesleben. Eine unglückliche Patientin, die sich als Versagerin fühlte, weil sie schon so lange allein war, klagte einmal: »Der ganze Stadtpark ist voller glücklicher Paare!«

Sie verliebte sich immer wieder in gebundene Männer, vor denen sie diese Gefühle sorgfältig verbarg. In Fantasien war sie verheiratet, machte Reisen, erzog Kinder mit ihrem Traummann, einem Vorgesetzten in der Bank, in der sie in gehobener Position arbeitete. Der Satz zeigt die Dynamik sozialer Angst vor dem Hintergrund manischer Erwartungen. Eine Beziehung kann nur riskiert werden, wenn bereits klar ist, dass sie »glücklich« ist. Dieses Glück zeichnet wertvolle Menschen aus; da sie es nicht besitzt, muss sie sich verstecken.

Die Patientin war eine ausgesprochen schöne Frau, in ihrer beruflichen Rolle durchaus selbstbewusst, aber sie wagte es beispielsweise nicht, sich allein an einen Tisch im Straßencafé zu setzen, weil dann alle, die sie sähen, verachtungsvoll denken würden, diese Frau habe keinen Freund und sei auf Männerjagd. Es sei absurd, aber wenn sie einen Freund hätte, dann hätte sie wohl kein Problem, sich an einen dieser Tische zu setzen.

Sehr selbstbewusst behaupten die Vermarkter der digitalen Verabredungsindustrie, sie hätten Frauen und Männern die Scheu vor dem ersten Schritt erspart. Es wird die anständige und emanzipierte Variante der Rotlicht-Schaukästen angeboten, in denen erotische Dienstleisterinnen ihre Haut zu Markte tragen. Wer ein Angebot nicht haben will, wischt es weg. Diese Bühne muss für Männer und Frauen zum Unglücksort werden, wenn sie sich danach sehnen, endlich anzukommen, endlich Teil eines glücklichen Paares zu sein, wie sie in ihrer Fantasie den sommerlichen Park bevölkern. »Alle anderen haben genau das, was mir fehlt!«

Wer reale Paare im Stadtpark beobachtet, wird an ihnen Signale aller Abstufungen von glücklich über normal bis stressgeplagt entdecken. Ob Einzelne Teil eines Paares werden, hängt von einer unsicheren Begegnung ab, die keine App ersparen kann. Ein Paar kann sich entwickeln – oder eben nicht. Der Druck, das Gelingen zu erzwingen, wird eher das Gegenteil erreichen; wenn aber in der Suche das neurotische Liebesbedürfnis überwiegt, wird jedes Misslingen als Scheitern, als Signal eigener Wertlosigkeit erlebt und der nächste Versuch entweder gar nicht oder mit höherem Ehrgeiz gestartet: Diesmal muss es gelingen.

Das bringt die Spieler und Spielerinnen auf dieser Bühne in ein Dilemma: Um sich als begehrenswert darzustellen, müssen sie ein Feuerwerk abbrennen, etwa wie viele Anträge sie schon bekommen und abgewiesen haben, wer mag schon ein Mauerblümchen? Je manischer aber diese Selbstdarstellung ausfällt, desto mehr droht sie das Gegenüber zu entmutigen. Hinter ihren manischen Rüstungen sind die Protagonisten ängstlich und einsam – wer aber wagt es, sich zuerst der Rüstung zu entledigen, sich abhängig und bedürftig zu zeigen?

Ein Patient, der sich auf dieser Bühne viel bewegt hatte und sich aktuell mut- und kraftlos fühlte, berichtet mir von der Begegnung mit einer Managerin, die von ihren Reisen erzählte. »Wo bist du denn schon überall gewesen«, fragte er. Sie: »Frag mich lieber, wo ich noch nicht war!«

In der von medialen Dynamiken durchtränkten Konsumgesellschaft wächst die Angst, nicht *gesehen* zu werden. Entsprechende Wünsche richten sich an Eltern, Geschwister, Freunde – wer sich in den sozialen Medien engagiert, kann wie ein feudaler Fürst gar nicht genug Gefolge haben.

Die Tendenz, das Selbstgefühl aufzublähen, um sich gegen die Angst vor Bedeutungslosigkeit und Unsichtbarkeit zu wappnen, führt nicht nur zu einer gesteigerten Gefahr depressiver Zusammenbrüche. Wie ein geblähter Ballon ist auch ein künstlich aufgeblähtes Selbstgefühl nicht mehr in der Lage, zwischen großen und kleinen Verletzungen zu unterscheiden. Es ist schwieriger geworden, Verletzlichkeit als normalen Teil des Lebens zu akzeptieren.

Mobbing, Dissing und Ghosting brachten Kränkungen auf den Begriff, deren Wurzel die uralte menschliche Neigung ist, das eigene Selbstgefühl durch die Entwertung anderer zu heben. Berater erleben die Mobbing-Anklage in der Regel nicht als hilfreiche Diagnose, sondern als Schuldzuweisung in einem Kampf, der mit erschwerter Kränkungsverarbeitung bei einem oder beiden Beteiligten zusammenhängt. Besonders verbreitet sich Mobbing in Beziehungen unter wirtschaftlichem oder sozialem Druck. Dem Begriff droht eine Inflation: Schüler fühlen sich durch Lehrer gemobbt, die ihnen schlechte Noten geben, Mitarbeiter durch einen Chef, der ihre Leistungen sich selbst zugute hält.

Das Mobbing-Modell kommt dem Gekränkten entgegen und bestärkt ihn in seiner Überzeugung, sein Problem komme von außen, er habe nichts damit zu tun. Dadurch wird ihm aber die Möglichkeit genommen, mit der Kränkung umzugehen, denn die Verarbeitung wird durch die Festlegung auf eine Opfersituation erschwert.

»X hatte einen schlechten Tag« oder »X mobbt mich« kann identische Tatbestände beschreiben. Wenn erst einmal der Mobbing-Begriff zirkuliert und die Institution sich damit beschäftigen muss, wächst auch die Gefahr, dass der emotionale Frieden dahin ist. Nur wenn es gelingt, Kränkungen zu vergessen, sind sie aus der Welt. Durch das Bestreben, sie ein für alle Male zu verhindern, Regeln zu entwerfen, Urteile zu fällen, werden sie im Bewusstsein erhalten und verschlingen dauerhaft Energie.

Die normale Stabilisierung des Selbstgefühls entwickelt sich in Kreisprozessen: Die Mutter stillt das schreiende Baby und erfreut sich ihrer mütterlichen Wirksamkeit; das Baby rülpst und schläft zufrieden. Wenn nun aber das Baby in die Brustwarze beißt und die Mutter ihre schmerzende Brust zurückzieht, würde ein Mobbing-Modell das Problem verschlimmern: Die Mutter fühlt sich vom Baby gemobbt und gibt diesem die Brust nur, wenn es sich manierlich verhält; das Baby fühlt sich von der Brustwarze gemobbt und will diese festhalten, koste es, was es wolle.

Wo das Mobbing-Modell dazu beiträgt, Aufmerksamkeit für das Grundbedürfnis nach wertschätzendem Umgang in Beziehungen zu wecken, hilft es, Kränkungen zu vermeiden und damit die Kränkungsverarbeitung zu entlasten. Das ist essenziell, aber es funktioniert nicht ohne Wachsamkeit für die Gefahren des Modells und kann letztlich die Frage nicht beantworten, ob der Nutzen den Schaden überwiegt.

Ohne kausale Modelle müssen Lösungen von Fall zu Fall mit der überlieferten Begrifflichkeit erarbeitet werden. Wird ein Modell eingeführt, entsteht ein Machtgefälle zwischen denen, die damit umgehen können, und anderen, denen dies nicht gelingt. Wenn Menschen Macht bekommen, droht auch die Gefahr, dass diese Macht missbraucht wird.

Wenn wir Gefahren ignorieren, leben wir emotional sicher und bequem, mit dem Schatten, dass wir uns nicht vorbereiten und so dann verletzt werden, wo uns Vorbereitung gerettet hätte. Das rapide wachsende Wissen über die unsichtbaren Gefahren nötigt uns nun zu Entscheidungen, welche Gefahren wir ignorieren dürfen und welchen wir vorbeugend begegnen sollen. Die Folge ist eine chronische Mehrbelastung der Kränkungsverarbeitung.

Das primäre Selbstgefühl hat Freud in einem Satz aus einem Stück von Ludwig Anzengruber zusammengefasst: »Es kann dir nix gschehn!«[42] Jeder Einbruch in diese primäre Sicherheit weckt die archaische Kampf-Flucht-Reaktion, in der sich subjektiv Angst und Aggression mischen. Der Einbruch kränkt das primäre Selbstgefühl und weckt die Angst vor einer Wiederholung der Kränkung. Das Ich wird wieder handlungsfähig, indem es die Angst verdrängt und die Aggression neutralisiert.

Die zentrale Illusion des Fortschritts liegt nun in der Behauptung, dass der Mensch grundsätzlich in der Lage sei, sich anzupassen, das vermeidbare Risiko zu meiden, das unvermeidbare zu ignorieren: Vorsicht sei richtig, lähmende Angst oder sinnloser Kampf gegen minimale Risiken falsch. Mut ja, Tollkühnheit nein. Das alles hört sich klar an – und eben dieses Versprechen von Klarheit über den richtigen Weg führt uns in die Irre.

Das liegt vor allem daran, dass die angebotene Kontrolle sozusagen mit Falschgeld zahlt. Hartmut Rosa erklärt diese nicht einlösbaren Zusagen mit dem Fehlen von Resonanz: Wir können zwar Dienstleistungen kaufen, aber nicht das ersehnte Glücksgefühl. Im Gegenteil, die Resonanz wird sogar umso unwahrscheinlicher, je verfügbarer wir sie machen möchten.

Jüngst hat sich Armin Nassehi mit der Überlebensfrage angesichts der aktuellen Krisen mit der ihm eigenen Mischung von systemanalytischer Kälte und Warmherzigkeit beschäftigt. Angesichts der Widersprüche zwischen dem extremen Kontinuitätszwang der Warenproduktion, um den Zusammenbruch des Systems zu vermeiden, und den Anforderungen, es zu verändern, gelangt er zu einer melancholischen Frage: »Passen wir überhaupt in diese Welt?« Klimakrise und Covid-19-Pandemie scheinen in erster Linie eines zu lehren: Eigentlich nicht.[43]

Wir können die verinnerlichten Forderungen eines Systems von Leistungsidealen, die chronische Überlastung unserer Fähigkeit, die richtigen Entscheidungen zu treffen, nicht in dem Modus überwinden, in dem sie in uns eingedrungen sind. Insofern ist die Botschaft Nassehis nicht ohne einen eigentümlichen Trost, der ein wenig an das Paradox »Du hast keine Chance, aber nutze sie!« erinnert.[44] Wenn wir mit unserem Fortschritt nicht in die Welt passen, können wir es nicht ganz richtig machen – und können gerade deshalb handeln, auch wenn wir über das Ergebnis alles andere als sicher sind. Freilich wäre es hilfreich und ermutigend, gnädig mit unserem Scheitern umzugehen.

Allerdings ist Gnade im Umgang mit Fehlern und Verständnis für menschliche Unvollkommenheit ganz und gar nicht die Haltung, in der Leitartikel und Kommentare verfasst werden. Güte und Liebe gar, wie sie Thomas Mann leuchten lässt, suchen wir dort vergeblich.[45] Wer Fehler macht, muss weg, wer zögert, ist verbraucht und muss auch weg.

Wir dürfen genauso lange nach dem kleineren Übel suchen wie nach dem großen Guten. Es ist falsch, wenn Schleuserbanden Menschen in Afrika dazu verführen, den gefahrvollen Weg in ein Europa anzutreten, das sie nicht wirklich will. Aber es ist auf jeden Fall richtig, sie aus Seenot zu retten und alles Mögliche zu tun, damit sie hier menschenwürdig leben können.

Glück in Beziehungen wird nicht durch Optimierung gewonnen, sondern durch die Bereitschaft, dem Gegenüber zuliebe etwas zu tun und nicht damit zu rechnen, dass Gleiches mit Gleichem vergolten wird. Das beginnt in den Tiefen des Alltags: Auch wenn meine Partnerin jedes meiner Haare tadelt, das ich nicht aus der Dusche putze, sollte ich ihre Haare geduldig und stumm entfernen. Das ist nicht nur ökonomischer, als sie zur Rede zu stellen, sondern auch konstruktiver. Ich habe beschlossen, mit ihr zu leben und sie zu lieben, also tue ich das Meine, egal, ob das weniger, ebenso viel oder mehr ist als das, was sie zu leisten pflegt. Denn ich habe im Grund keine Ahnung, was sie stumm für mich tut oder von mir hinnimmt, und es schadet auf keinen Fall, jede Möglichkeit einer liebevollen Geste zu nutzen.

Sigmund Freud hat die psychologische Unmöglichkeit des christlichen Gebotes der Feindesliebe beschrieben. Sie gilt aber nur, wenn das Gebot perfektionistisch verstanden wird. Vielleicht war Jesus von Nazareth kein Perfektionist, wir wissen zu wenig von ihm, um das zu beurteilen, können aber ungehindert unsere eigenen Ansichten in seine poetischen Gleichnisse hineindeuten. So ist das Gebot der Feindesliebe nicht nur psychologisch möglich, sondern ausgesprochen klug, wenn ich hinzu denke »im Rahmen des Ökonomischen«.

Wer mich stört, irritiert, beleidigt, ungerecht behandelt, ist im Erleben mein Feind – auch, ja vielleicht sogar vor allem, wenn er mir sehr nahesteht und ich ihm gegenüber besonders verletzbar bin. Familienangehörige neigen nach der Kriminalstatistik gegeneinander weit häufiger zu Gewalt und selbst Mord als Fremde. Wenn ich daher überlege, was mir weniger Stress und mehr Ruhe einbringt – die Beleidigung mit allen Mitteln zu bekämpfen oder zu bedenken, dass es ja auch Gutes in der Beziehung zwischen mir und dem Ärgernis gibt – dann ist der Rat brauchbar, den »Feind« weiterhin zu lieben, so gut es eben gehen mag, die Beleidigung zu vergessen und nicht durch ausgedehnte Überlegungen, in welchem Maß sie mit welchen Risiken gerächt werden kann, in meinem Erleben zu verankern.

Schweigende Liebe ist in unseren aufgeregten, rachsüchtigen Zeiten ein weithin unterschätzter Weg zum Glück. Solange ich an das Gute in meinen Mitmenschen glaube, fürchte ich mich weniger vor ihnen und schlafe ruhiger. Hingegen wächst meine Angst parallel zum Feindeshass, sobald ich rot sehe und daran denke, mir einen Waffenschein zu besorgen. Wer sich darin übt, rechthaberische Aggression zu bremsen, hat bessere Möglichkeiten, Revierkämpfe mit Geschwistern (etwa um ein Erbe), mit Nachbarn oder mit Ehepartnern zu entschärfen.

Je mehr Wut ich erlebe und kontrollieren muss, desto mehr

Aggression nehme ich auch vonseiten meiner Feinde wahr. Meine eigene Vernunft und Selbstdisziplin kann ich einschätzen – aber ihnen traue ich nicht nur alle meine eigenen, rachsüchtigen Gedanken zu, ich kann mich auch längst nicht so auf ihre Selbstbeherrschung verlassen wie auf meine.

Anders als Hunger und Liebe ignorieren Angst und Aggression die Grenzen der Ökonomie. Wir können uns überessen und den Magen verderben oder auch sexuell übernehmen. Aber da gibt es natürliche Grenzen, es ist gar nicht schwer, aus Schaden klug zu werden; es fehlt die blinde Steigerung, die Angst in Panik verwandelt und Wut in den Gewaltexzess.

Roman Grafe hat jüngst in einer ausführlichen Dokumentation belegt, dass die Hochrüstung der Bevölkerung mit »Sportwaffen« bisher kaum einen Waffenbesitzer vor einem bösartigen Angriff bewahrt hat, während sie umgekehrt schon allein in Deutschland mehr als zweihundert Opfer durch psychisch gestörte oder kriminelle Schützen kostete.[46] Zielen und treffen, die »sportlichen« Funktionen, lassen sich auch mit nicht tödlichen Waffen bestens üben. Nur die entgrenzte Dynamik von Angst und projizierter Aggression findet Sicherheit allein im Werkzeug des Mordens.

*Kapitel 12*

# Entradikalisiert euch!

»Wo Gefahr ist, wächst das Rettende auch« – so lautet der wohl am häufigsten zitierte Vers Hölderlins. Er scheint gar nicht so gut zu dem Dichter zu passen, der doch eher ein Meister im Ausdruck depressiver Stimmungen ist, menschlicher Unvollkommenheit und Ruhelosigkeit.[47] Womöglich hat die Gegenwart den tröstlichen Spruch noch nötiger als Hölderlins Epoche. Gefahren gibt es genug. Die meisten sind von Menschen gemacht: Das Klima verändert sich, Müll treibt im Meer, täglich sterben mehr als hundert Tier- und Pflanzenarten aus.

Die subtile Dialektik der Umweltzerstörung durch Wachstumswirtschaft ist es, ganz langsam den Ast abzusägen, auf dem wir doch alle so gerne bequem sitzenbleiben würden. Aber es gibt noch eine zweite Gefahr, die dem Glücksversprechen der Konsumgesellschaft geradezu entgegengesetzt ist: Politische Radikalisierungen, deren Zerstörungslust sich gegen Bequemlichkeit schlechthin richtet. Terroristen wollen nirgends mehr sitzen, bis nicht der ganze verdammte Baum weg ist, auf dem es sich andere gemütlich machen.

Kriegsfürsten wie Tamerlan haben Terror gesät und mit Pyramiden aus den Schädeln ihrer Opfer Angst verbreitet; Robespierre wollte durch die Schrecken der Guillotine die Französische Revolution beschützen. Wenn ein Mensch den Eindruck hat, dass ihm Unrecht geschieht, dann werden Wut- und Racheimpulse in ihm geweckt. Kain hat in dieser Situation seinen Bruder Abel erschlagen. Diese Reaktion ist uns einfühlbar. Gott zieht Abel vor, Kain rächt sich an seinem beneideten Bruder.

Die Szene bildet ein Urmodell des Terrorismus ab: Anlass der Tat ist eine Handlung Gottes, ihr Opfer aber ist der eigentlich schuldlose Abel. Die Terrortat enthält eine Botschaft (du darfst mein Opfer nicht ablehnen und das eines anderen vorziehen). Sie setzt sich, um diese Botschaft deutlich zu machen, über kulturelle Normen der Geschwisterliebe und der Schonung des Lebens eines Mitmenschen hinweg.

Jede terroristische Aktion im engeren Sinn ist insofern regressiv, als sie einen bereits erreichten Stand der Auseinandersetzung wieder auflöst und die eigene Rechthaberei über die Struktur des Rechtsstaates setzt. Ohne dieses grundlegende Merkmal ist es nicht sinnvoll, von Terrorismus zu sprechen. Er ist regressiv legitimierte und inszenierte Gewalt – Theater, wie es Brian M. Jenkins 1974 formuliert hat.[48]

In ihrer Neigung zur beschönigenden Rhetorik unterscheiden sich Terroristen nicht von anderen Menschen, die Verbrechen verüben und unbedingt wollen, dass ihre Umwelt diese Taten für gerechtfertigt hält. Das erste Opfer in jedem Krieg und auch in jeder Begründung eines Verbrechens ist die Wahrheit. Der Verlust eines inneren Raums für Selbstreflexion führt zu einem geistigen Zustand, in dem nur die eigenen Argumente gelten. Daher ist es kaum möglich, mit Terroristen zu diskutieren. Sie haben immer Recht. Wenn im Koran steht, dass Selbstmord verboten ist, ist er eben eine heilige Sprengung.

Der Selbstmord-Terrorismus ist ein extremes Beispiel für einen Fortschritt ins Gegenglück für Täter und Opfer, eine ganz neuartige Situation, der die Zivilisation an der Schwelle zum 21. Jahrhundert begegnet: Einige Menschen, überwiegend junge Männer, können ihre Kränkung durch einen ebenso interkulturellen wie innerseelischen Konflikt nicht anders verarbeiten, als sich und möglichst viele »Feinde« in die Luft zu sprengen. Es ist eine manische Geste von Selbstüberschätzung und grandioser Rücksichtslosigkeit, ideologisch rationalisiert, eine Geste von verzweifelter Romantik, in der ewiger Ruhm und ein Sprung ins Paradies imaginiert werden, weil das irdische Leben keine Perspektive zu liefern scheint und sich eine von Selbstfürsorge getragene Beziehung zum eigenen Körper nicht entwickeln konnte.

Polizeiarbeit ist weit besser als der 2001 ausgerufene *Krieg gegen den Terror*, aber sie hat Schwächen. Im Krieg werden feindliche Kämpfer getötet. Ist Friede geschlossen, haben Kampf und Töten ein Ende – bis zum nächsten Krieg. Terroristen aber erklären keinen Krieg und schließen keinen Frieden. Die Täter tarnen sich, bis sie zuschlagen. Viele von ihnen sind sehr jung und bereit, Hassprediger zu bewundern.

Die Verführer verstecken sich hinter der Meinungsfreiheit, sie haben nichts verbrochen, jeder kann doch seinen Glauben predigen. Sie missbrauchen den Rechtsstaat für ihre Zwecke. Das weckt Wut und Hass auf der Gegenseite, die das Übel eher vermehren als begrenzen. Die persönliche Unfähigkeit, eine Kränkung zu durchleiden und dennoch handlungsfähig zu bleiben, prägt den einzelnen Terroristen; die kollektive Unfähigkeit, auf Kriegstheater zu verzichten, die betroffenen, hochgerüsteten und gut organisierten Zivilisationen, die eben deshalb auch besonders verwundbar sind.

Wenn die Polizeiarbeit erfolgreich ist und Täter schon während der Vorbereitungen verhaftet werden, kommt das nächste Problem. Strafe soll Reue und Einsicht wecken; Terroristen aber handeln aus idealistischen Motiven oder behaupten das zumindest. Mittel sind gefragt, sie von ihrem selbstzerstörerischen Projekt abzubringen. In einem normalen Strafvollzug bessern sie sich kaum – im Gegenteil: Sie werben unter den Gefangenen für ihre Ideologie.

Ein 20-jähriger Islamist, der aus Syrien geflohen war, als Gefährder galt und wegen verschiedener Delikte insgesamt drei Jahre Jugendstrafe absaß, wurde im Gefängnis mehrmals von einem auf solche Fälle spezialisierten Helfer besucht, den ein gemeinnütziger Verein für Gewaltprävention geschickt hatte. Kurz nach seiner Entlassung griff er ein homosexuelles Paar an, um sie als Feinde des Islam zu bestrafen. Der Täter hatte auch noch nach der Tat in Dresden – ein Tourist kam ums Leben, sein Begleiter wurde schwer verletzt – mit diesem Berater gesprochen, als sei er nach wie vor bereit, die Basis für eine »verantwortungspädagogische« Arbeit herzustellen. In diesem Gespräch wurde das Verbrechen nicht erwähnt. Inzwischen ist der mutmaßliche Mörder zu einer lebenslangen Freiheitsstrafe verurteilt worden.

Was war da schiefgelaufen? Wie konnte es sein, dass ein Fachmann nicht bemerkt, dass er es mit einem Menschen zu tun hat, der gerade extrem gewalttätig war und danach mit ihm ein Gespräch fortsetzt, in dem es um die Prävention dessen geht, was er gerade getan hat? Thomas Mücke, Pädagoge und Politikwissenschaftler, Mitgründer und Geschäftsführer des Violence Prevention Network, hat nach einem Fehler des Beraters gesucht – und keinen gefunden. »Ich wäre sogar fast erleichtert, wenn man einen Fehler sehen könnte, dann könnten wir das verbessern. Aber in dem konkreten Fall haben wir noch keinen Fehler gefunden. Es gab kein Signal«, sagte er in einem Interview.[49]

Diese Situation ist zu erwarten, wo die Motivation zu einem Neuanfang gespalten ist. Schon sehr lange ist sie Therapeuten vertraut, die mit Süchtigen arbeiten. Nicht selten spricht ein Alkoholkranker glaubwürdig über eine trockene Zukunft, in der er seinen Führerschein und seine Familie zurückerobern wird, während er längst wieder trinkt. Er belügt nicht nur den Helfer, sondern auch sich selbst, klammert sich an die Vereinbarkeit des Unvereinbaren.

Zu Hölderlins Zeiten hätte man von zwei Seelen in der Menschenbrust gesprochen; heute verwenden wir eher Begriffe wie Dissoziation oder Spaltung. Es geht um eine fundamentale Qualität der Psyche: Sie ist ebenso ein symbiotisches wie ein individuelles Phänomen. Wer in der Moschee radikal ist, kann beim Bewährungshelfer durchaus vernünftig sein und ehrlich daran glauben, dass er irgendwann ein Leben ohne seine bösartige Größenfantasie der Weltverbesserung durch Märtyrerleid führen kann.

Er leistet das, weil der Helfer ein Gegenüber bietet, das Möglichkeiten zu Empathie und Zuversicht weckt. Aber die Rolle des heiligen Rächers behält ihre faszinierenden Seiten, auch wenn die Vernunft sagt, dass aus blinder Gewalt nichts Gutes wächst. Mag sein, dass sich das Bündnis mit dem Therapeuten stabilisiert und irgendwann die bösartige Erlösung unwichtig wird; mag sein, dass sich das innere Bild des Helfers und seiner Angebote auflöst, weil ein Kumpel aus der Moschee die gespeicherten Bilder belebt oder Kränkungen die Zuversicht zerstören, einen erträglichen Platz in einer Welt außerhalb einer militanten Endzeitfixierung zu finden.

Eine Frau weist ihn ab, ein Ausbilder kritisiert ihn, er findet keine Wohnung – es gibt viele Gründe, zu verzweifeln. Je mehr von dieser Unsicherheit in der präventiven Arbeit ausgehalten wird, desto besser sind die Chancen, dass sie am Ende gelingt. In der Supervision von Suchttherapie lässt sich immer wieder beobachten, dass erfolgreiche Therapeuten im Prinzip nichts anderes machen als erfolglose. Sie halten nur länger durch, bleiben auch im ersten, zweiten, dritten Scheitern entspannt, verlieren den Kontakt nicht und können so am Ende doch eine Wende einleiten.

Gut behandelbar sind seelische Störungen, wenn die Betroffenen an Symptomen *leiden*, etwa an Ängsten oder Depressionen. Sie sind dankbar, wenn Therapeutinnen oder Therapeuten sich ihrer annehmen und dazu beitragen, dass diese Symptome ihre Macht verlieren. Bei Gewalttätern und Süchtigen ist das ganz anders: Sie leiden nicht an den Mitteln, mit denen sie Spannungen bewältigen, sondern an deren sozial unerwünschten Folgen. Sie sind von diesen Mitteln abhängig und möchten sich von ihnen losreißen.

Der Pädagoge oder Psychologe, der mit ihnen an einem Neustart arbeiten will, weckt erst einmal so wenig Dankbarkeit wie ein Dieb oder Räuber. Er will ihnen etwas wegnehmen, an dem sie hängen, das sie brauchen, das sie nicht ohne tiefe Kränkung loslassen können. Die Motivation, etwas an den eigenen Einstellungen und Lebenszielen zu verändern, wächst bei Süchtigen nicht aus Einsicht oder Selbstkritik, sondern aus den negativen Folgen des vertrauten Gegenmittels. Daher ist auch die Gefahr des Rückfalls ständig präsent.

Es gibt kein Mittel, das schneller und wirksamer Ängste und Depressionen auslöscht als Drogen, Verliebtheit oder Fanatismus. Obwohl sich diese drei erheblich unterscheiden, haben sie doch viel gemeinsam und sind potenziell austauschbar.

In der Suchtforschung ist bekannt, dass es kein schnelleres Mittel gibt, Süchtige zu »heilen«, als die Verliebtheit in eine Person, die ihre Zuwendung gegen den Verzicht auf das Suchtmittel tauscht. Die »Heilung« verschwindet, wenn die Beziehung sich trübt. Wer eine religiöse Überzeugung entdeckt und sich in ihr ereifert, wird den Versuchungen der Sucht auch in den Fällen widerstehen, in denen die rationale Einsicht in ihre verderblichen Folgen ohnmächtig blieb.

Fanatismus kann an die Stelle einer Drogenabhängigkeit treten. Das lehrt ein Fall, der vor zwanzig Jahren bekannt wurde.[50] Im August 1999 wurde ein deutscher Staatsbürger, Steven Smyrek, von dem Bezirksgericht in Tel Aviv wegen Unterstützung der radikal-islamischen Hisbollah zu zehn Jahren Haft verurteilt. Er hatte gestanden, einen Selbstmordanschlag in Israel zu planen. Steven Smyreks Geschichte ist die eines vielfältig gekränkten Jugendlichen, der von seinem englischen Stiefvater geprügelt und in ein Internat abgeschoben wurde. Er kam nach seiner Bundeswehrzeit mit dem Leben außerhalb der Kaserne nicht zurecht, wurde drogenabhängig und dealte, um das nötige Geld für seinen Konsum zu beschaffen. Verhaftet, sagte er als Kronzeuge gegen seine Hintermänner aus. So erhielt er eine milde Strafe. Er konvertierte zum Islam und praktizierte den Glauben wie viele Neubekehrte besonders fanatisch. Er trennte sich von einem türkischen Freund, weil dieser an seinem Kiosk Alkohol verkaufte, und ließ sich nur noch mit seinem arabischen Namen anreden.

Die Fantasie, als »Märtyrer« zu sterben, greift das Thema des erlösenden, rauschhaften Aktes wieder auf, der auch in der Drogenabhängigkeit steckt. Die Psychoanalyse solcher Störungen hat gezeigt, dass die Kranken meist an einer Entwicklungsstörung leiden, die in einem Mangel in der kontinuierlichen empathischen Unterstützung des Kindes durch sein frühes Umfeld wurzelt. Eine überlastete Mutter, ein sadistischer Stiefvater schaffen keine günstigen Bedingungen für eine normale Fähigkeit, Glück zu empfinden und Kränkungen zu ertragen.

Die Frühstörung führt zu quälendem Neid auf die Menschen, die es leichter haben. Subtil hat das Thomas Mann in seiner Novelle »Tonio Kröger« dargestellt. Sehr viel krasser zeigen sich die Folgen im dissozialen Verhalten Jugendlicher, die ihre Wut auf jene, die es bequemer haben, nicht in Kunstwerken sublimieren.

Aggression richtet sich gegen jene, die es »verdient« haben: Menschen, die ihr Leben genießen, Erfolg haben, sich stabil mit Anerkennung versorgen können. Verhängnisvolle Regelkreise entstehen. Die aggressive Entwertung des »Establishments« und der etablierten Religiosität stellt den Drogenabhängigen neben den Terroristen ins gesellschaftliche Abseits.

## Jugendkultur und Selbstzerstörung

In den 1960ern beschäftigte eine neue Form von Selbstzerstörung die Medien. Es gab plötzlich Drogenopfer unter Jugendlichen. Eltern fanden einen Sohn auf der Toilette, die Nadel noch im Arm. Mädchen im LSD-Rausch sprangen aus dem Fenster, überzeugt, sie könnten fliegen.[51] Ein Student schluckte Meskalin und trat mit erhobener Hand einem heranbrausenden LKW entgegen, um ihn zu stoppen.

Bisher war der typische Rauschgiftsüchtige ein älterer Mann gewesen, der körperliche und seelische Schmerzen betäubte. Jetzt aber schluckten Jugendliche LSD, rauchten Haschisch, spritzten Heroin. Eltern waren vollständig schockiert, dass ihre Kinder zu »so etwas« fähig seien.

Die Medien schilderten Drogenräusche in leuchtenden Farben und warnten gleichzeitig vor dem Verderben der Sucht. Am beliebtesten war die Interpretation der »willigen Opfer«. Die Jugendlichen sind Verführte, zu kritiklos, um sich den Tricks der Rauschgiftkartelle zu entziehen. Im Bund mit der Drogenmafia handelten nach Ansicht der Staatsanwälte Verführer, die den Rausch propagierten wie eine teuflische Religion, um auf diese Weise einen gesellschaftlichen Umsturz einzuleiten.

Einer dieser Dämonen war der Universitätslehrer Timothy Leary, der »bewusstseinserweiternde« Drogen als Weg empfahl, einer materialistischen Welt zu entfliehen. Vielen Hippies galt er als Prophet, dem FBI als Krimineller. Einer seiner Merksätze hieß: »Turn on – tune in – drop out!« »Antörnen« stand für die drogeninduzierte Bewusstseinsveränderung; »tune in« für die Herstellung der Harmonie mit dem erweiterten, kosmischen Bewusstsein, »drop out« für das Herausfallen aus dem gesellschaftlichen Zwang, dem Rattenrennen um materiellen Erfolg, Geltung und Karriere.

Die psychologische Untersuchung der jugendlichen Drogenabhängigen ergab ein anderes Bild: Sie griffen zur Droge, weil sie quälende Gefühle von Sinn- und Heimatlosigkeit nicht verarbeiten konnten, in ihren Eltern kein Vorbild und in der Leistungsgesellschaft keine Zukunft sahen. Der junge Drogenkonsument wollte Lebenssinn ganz schnell, ganz anders und viel besser finden. Mühsam lernen, ferne Ziele anstreben und im Vergleich mit anderen schlecht abschneiden – nie wieder! Drogen wirken rasch. »Nes-Zen statt Nes-Café« spottete damals Arthur Koestler über die Versuche, Erleuchtung in heißes Wasser zu rühren.

Nur in romantischer Verklärung macht Drogenkonsum glücklich. Im Alltag der Abhängigen geht es darum, sich weniger elend zu fühlen; der seelische Gewinn liegt eher darin, aus einem diffusen Zustand von Spannung, Angst und innerer Leere einen zugespitzten Schmerz zu machen: Ich weiß genau, was mir fehlt! Süchtige sind chronisch wütend, dass andere Menschen ohne die beschämende Krücke auskommen, die sie benötigen. Das geschwächte Selbstgefühl muss sich dünkelhaft über jene erheben, nach deren Anerkennung es hungert, es muss die verachten, die es insgeheim bewundert.

Die Praxis des Süchtigen, sich im Rausch empfindungslos und pseudosouverän zu machen, war schon immer dicht an Todessehnsucht angesiedelt. Das Auslöschen des Selbst wird, wie in Hamlets Monolog über Sein oder Nichtsein, zum Schutz vor allen Kränkungen.

Der Trostgedanke, sich jederzeit umbringen zu können und sich auf diese Weise schmerzfrei zu machen, lässt sich bei vielen Menschen auffinden. Er wird meist durch die Lust am Leben und die Neugier auf die Zukunft in Schach gehalten. Aber diese Balance ist labil. Viele Entwicklungen in der modernen Gesellschaft haben ihre Störbarkeit gesteigert.

Die Konsumgesellschaft überzeugt uns, dass es ein menschliches Grundrecht auf Bequemlichkeit gibt. Sie baut die Fähigkeit ab, Schmerzen und Kränkungen zu ertragen. Wir müssen uns nur vorstellen, wie Ausdauer, Geduld und Schmerztoleranz durch eine Stunde körperlicher Arbeit gestärkt werden, verglichen mit einer Stunde Bildschirmspiel mit Klicken oder Wischen. Im ersten Fall verändert sich etwas langsam durch mühevolles Tun, im zweiten Fall verändert sich alles schnell durch mühelose Gesten.

Der Heranwachsende muss sich seinen Platz in der Realität erarbeiten. Er soll lieben und arbeiten lernen. Die Zukunft lockt und bedroht ihn. Er lebt in einer instabilen, von Moden bestimmten Welt; seine Eltern verstehen ihn nicht, die Kränkungspotenziale der sozialen Medien überfordern ihn. Eine spielerische Sehnsucht richtet sich auf das eigene Innere. Heftige Unsicherheiten sind die Folge. In den Medien sind Gefühle immer deutlich und stark. Was ich aber in mir finde, ist unsicher, verschwommen, gemischt, von Zweifeln durchsetzt. Was fühle ich wirklich, was bilde ich mir nur ein?

In dieser Situation gewinnen Drogen eine unheimliche Faszination. Sie versprechen, das Innenleben zu verändern. Endlich wird man etwas erleben, nicht nur denken, dass man vielleicht dies oder das erleben könnte. Einst konnten Dichter sagen, dass Jugend Trunkenheit ohne Wein ist. Heute verzagt die Jugend angesichts der perfekten Bilder, die in den Medien entworfen werden.

Eine noch drastischere Möglichkeit der künstlich herbeigezerrten Klarheit bietet suizidaler Terror. Er stellt die Möglichkeit in Aussicht, leicht, schnell und grandios ein banales Ich in einer einzigen Tat sowohl zu erheben als auch auszulöschen. In dem Glauben an den im Web für immer gespeicherten Ruhm verfilzen sich Paradiestradition und Medienwelt. Weil das zu allem entschlossene Ego sich selbst geopfert, den radikalsten Schritt getan hat, triumphiert es über Bedenken und Schuldgefühle.

Grenzen verschwimmen: zwischen Vergangenheit und Gegenwart, zwischen Leben und Tod. Im Rausch erleben wir längst vergangene Ereignisse, als geschähen sie uns jetzt. Ebenso durchlässig wird die Grenze zwischen dem eigenen Leben und dem Bild, das andere Menschen von uns bewahren. Doch gibt es Gegenkräfte. Jeder Mensch misstraut einer egoistischen Willkür, sich über die natürlichen Grenzen der eigenen Existenz hinwegzusetzen. Je vielfältiger und positiver die Vorstellungen über seine Zukunft sind, desto weniger wird er sich zur Selbstauflösung entscheiden.

Der Terrorist plündert als Rechtfertigung, was er kriegen kann – den Antisemitismus, den politischen Islam oder das antiislamische Vorurteil, den Marxismus oder das antimarxistische Vorurteil, die Rassenlehre, die eine oder andere Verschwörungstheorie. Ausschlaggebend sind nicht die Inhalte, sondern die Bereitschaft, zum Äußersten zu gehen.

Diese Entwicklung folgt der Globalisierung, der mit ihr verknüpften Heimatlosigkeit und den Aufmerksamkeitsblasen in den digitalen Medien. Der Westen ist hier so wenig »schuld«, wie Eltern an der Drogenabhängigkeit eines Jugendlichen schuld sind. Er trägt eine Mitverantwortung.

Mit vielen Rückschlägen und Ungereimtheiten haben die europäischen Länder Strategien entwickelt, um destruktive Entwicklungen unter jungen Erwachsenen einzudämmen. Angesichts der Drogenabhängigkeit wurden therapeutische Konzepte erarbeitet, die einer großen Zahl von Betroffenen in vielen kleinen und oft mühsam erarbeiteten Schritten den Weg in die Selbstzerstörung ersparen. Ähnliches gilt für die Jugendsekten. Es reicht hier nicht, zu verbieten und zu bestrafen; man muss Alternativen anbieten, ein sekten- oder drogenfreies Freizeitverhalten aufbauen, einen neuen Freundeskreis, eine neue berufliche Perspektive.

In der Drogentherapie ist allen Beteiligten vertraut, wie gut sich der Störungstrotz in einen Gefügigkeitsmantel hüllen kann. Es gibt wohl keinen Suchttherapeuten, der sich nicht schon mindestens einmal dramatisch getäuscht hat. Aber hier haben die Behandler nicht nur eine etablierte professionelle Kultur, die sie davor schützt, dass die Gesellschaft Unmögliches von ihnen erwartet. Sie haben auch ein Mittel, um mit einiger Sicherheit herauszufinden, ob Reue echt und Neustart-Versprechungen glaubwürdig sind: den wöchentlichen Urintest.

In den 1960er-Jahren, als die Zahl der Drogentoten jedes Jahr wuchs und die Welle auf immer neue Länder übergriff, fehlte es nicht an Prophezeiungen, die das Wachstum hochrechneten und im Jahr 2020 eine süchtige Mehrheit unter den jungen Menschen prognostizierten. Es hat sich herausgestellt, dass die pessimistischen Prognosen einer rasanten Zunahme so wenig zutreffen wie die martialischen Ankündigungen eines Sieges im »Krieg gegen die Drogen«. Schon lange lesen wir keine Berichte, sehen sogar kaum noch Filme mehr, wie gefährlich (und latent supertoll) Drogen sind.

Als die ebenso verdienstvollen wie im Ergebnis unsicheren Entradikalisierungsprogramme nach dem Scheitern in zwei Fällen im Herbst 2020 in die Kritik gerieten, verteidigte ich sie in einem Essay, der in einer überregionalen Tageszeitung abgedruckt wurde.[52] Noch bevor ich den Beleg aus der Redaktion erhielt, trafen schon Hetzmails ein, in denen ich als blind, blöde und politisch gefährlich dargestellt wurde, denn allein der Versuch, einen friedlichen und einen fanatischen Islam zu unterscheiden, verkenne die Wirklichkeit: Ausnahmslos jeder Muslim sei ein Fanatiker!

Ohne die Möglichkeit und Bereitschaft zu einer persönlichen Beziehung ist die Festung des Fanatismus uneinnehmbar.

Erst wenn das Abwehrsystem in Bedrängnis gerät und eine jetzt unsicher und ratlos gewordene Person nach Zuwendung, Aufmerksamkeit und Halt sucht, kann sie sich auch Einsichten öffnen, die ihre Abwehr infrage stellen.

Ob ein fanatisierter Mensch sich ändern wird, hängt von einem inneren Raum ab, der sich nicht messen lässt. Der Therapeut kann nur im Nachhinein sagen, dass die Abwehrstruktur zu starr, dieser innere Raum zu klein gewesen sind. Seine Professionalität liegt nicht darin, dass er Erfolg hat, sondern dass er sein Scheitern verarbeitet und überzeugt bleibt, dass beim nächsten Klienten gelingen könnte, was bei diesem nicht gelungen ist.

Entradikalisierung bedeutet, die Starre einer spaltenden Abwehr infrage zu stellen und am Ende so weit zu kommen, dass das gemeinsame Sein bisher unvereinbar geglaubter Positionen denkbar wird. Sie ist eng mit der Demokratie verknüpft, zu deren Wesenszügen das Vertrauen gehört, auch im Fall der Niederlage nach einer Abstimmung nicht entwertet zu werden. Seine Majestät das Volk benötigt Opposition ebenso wie Regierung. Das bedeutet in psychohygienischer Sicht, dass Macht nicht festgehalten, zementiert und möglichst ausgeweitet werden muss, sondern freiwillig losgelassen wird, um andere zum Zug kommen zu lassen (und sich selbst von der Verantwortung entlasten zu können).

Demokratie übt grundsätzlich Kränkungsverarbeitung. Ich muss damit rechnen, überstimmt zu werden, keine Mehrheit zu finden. Eine demokratische Haltung fordert, dass ein Verlierer das ohne Rachsucht erträgt und umgekehrt der Sieger die Opposition nicht respektlos behandelt oder seine Macht missbraucht, um ihr zu schaden. Das ist ein hohes Ideal, das in Parlamenten nicht durchweg krisenfest ist.

Radikalisierung beruht auf der Entwertung einer bestehenden Machtverteilung, der vorgeworfen wird, dass sie »das Volk« oder »die wahren Gläubigen« nicht respektiert. Entradikalisierung würde umgekehrt bedeuten, die Brücken instand zu setzen, die Mehrheit und Minderheit verbinden. Das gilt für Gruppen wie für Individuen.

Kränkungsverarbeitung und Glück sind verbunden. Die unverarbeitete Kränkung lässt keinen inneren Raum für Glücksgefühle offen; umgekehrt drängt die Erinnerung an glücklichere Zeiten und der Wunsch, in sie zurückzufinden, den Kränkungsschmerz in den Hintergrund. Der einfühlend auf den Gekränkten bezogene Mitmensch ist etwas wie ein Behälter *(container)* für dessen im Unbewussten gespeicherte, im Augenblick nicht zugängliche Glücksmöglichkeiten. Daher ist die einfachste und vermutlich auch wirkungsvollste Entradikalisierungsszene ein Beziehungsangebot, das eine verbitterte, an destruktiven Stolz fixierte Person dazu bringt, sich zu entspannen und das eingeengte Erleben zu weiten.

Das liest sich einfach und tut sich schwer. Der Weg des Hasses baut eine eigene, innere Schwungmasse, jeder Schritt auf ihm verstärkt die Angst vor dem narzisstischen Zusammenbruch, wenn das Ziel nicht erreicht wird. Spätestens seit Heinrich von Kleist die Geschichte des Michael Kohlhaas aufgeschrieben hat, ahnen wir, dass es die leichtere Aufgabe ist, einen anständigen Menschen in einen hasserfüllten Rächer zu verwandeln, als den umgekehrten Weg zu finden. Was in Kindheit und Jugend an Glücksmöglichkeiten zerstört wurde, lässt sich mit symmetrischem Energieaufwand nicht wiederherstellen.

In den Biografien von Diktatoren finden sich selten glückliche Menschen, die das Leben genießen und sich ihrer Begabungen erfreuen. Wer durch eine primitive Selbstidealisierung und Entwertung aller Konkurrenten an die Macht gekommen ist, kann nicht rasten und ruhen. Er ist überzeugt, dass er von Menschen umgeben ist, *die sind wie er*. In solcher Gesellschaft kann er sich nicht entspannen. Er denkt mehr an die Wut der Untertanen als an ihr Wohlwollen, denn einen zufriedenen Menschen kann er sich schlechterdings nicht vorstellen. So muss er mit äußerster Wut gegen alle vorgehen, die ihn nicht bewundern.

*Kapitel 13*

# Die eiserne Lunge

Der lateinische Spruch *dum spiro, spero* – so lange ich atme, hoffe ich auch – ist rund zweitausend Jahre alt und steht in einem der Briefe Ciceros an Atticus. Inzwischen ist er überholt: Seit rund hundert Jahren müssen Menschen hoffen, ohne zu atmen.

Die ersten eisernen Lungen wurden für Polioopfer in den 1920er-Jahren gebaut. Die Patienten lagen in der Maschine, aus der nur der Kopf herausragte. Eine Gummimanschette dichtete den Körper am Hals ab, ein Wechsel zwischen Unterdruck und Überdruck sorgte dafür, dass Luft in den gelähmten Brustkorb strömte. Diese eisernen Lungen waren eindrucksvolle Geräte; die Patienten konnten, anders als bei der heutigen Beatmung durch eine in die Atemwege geschobene Kunststoffröhre, normal sprechen, was der Aufmerksamkeit Hollywoods nicht entging.

Der humane Umgang mit Menschen, deren Lebensperspektive und Lebensqualität dauerhaft massiv eingeschränkt ist, hat in der kalten Welt einer defensiven Medizin und einer misstrauischen Justiz viel zu wenig Raum. In der typischen Intensivstation wird nur über biophysikalische Werte gesprochen; die Pflegenden wie die Ärzte vermeiden es nach Kräften, sich mit den Angehörigen über Sinn und Unsinn der technischen Maßnahmen auszutauschen.

Die Intensivstation bewahrt das Leben und verlängert das Sterben. Sie bringt Rettung, aber auch Angst und Schmerz, nicht nur für die Patienten und ihre Angehörigen, sondern auch für die Ärzte und die Pflegenden, die sich auf eine seelisch nicht durchweg bekömmliche Weise gegen das panzern, was sie tun. Das hat Folgen: 2021 gab es auf dem Höhepunkt der vierten Pandemie-Welle zwar genügend Intensivbetten, aber dennoch einen Notstand, weil das Pflegepersonal fehlte.

Hilflos zwischen Leben und Tod zu hängen, allein und ohnmächtig, am Rande des Erstickens, ist die Angst schlechthin in der Coronakrise. Wir müssen uns klarmachen, dass diese Angst der Auslieferung an Apparate eine recht neuartige Anforderung an unsere Psyche ist, über die wir weder bei den stoischen Philosophen noch bei den klassischen Dichtern viel Trost und Hilfe finden.

Früher starben die meisten Menschen umgeben von Wärme auf ihrem häuslichen Krankenlager. Wer dauerhaft bettlägerig war, erlitt bis zur Entwicklung der Antibiotika relativ bald den »Strohtod« an einer Lungenentzündung, bedingt durch die mangelhafte Versorgung des Organs mit Sauerstoff.

Es ist mehr als Ironie, wenn in einer Debatte über den Umgang mit dem Sterben etwas wie Neid auf geliebte Haustiere auftaucht. Die entscheidende Frage: »Wird mein Hund, meine Katze, mein Pferd noch etwas vom Leben haben – oder ist es Quälerei?« Die Antwort kommt aus der Intuition, dem Gefühl der Gesunden, die für das leidende Geschöpf verantwortlich sind. Ein fühlender Mensch ist bereit, Verantwortung zu übernehmen und zu entscheiden, wann das Leben weitergehen soll, weil künftige Glücksmöglichkeiten Schmerz und Elend überwiegen, und wann es für das aussichtslos leidende Geschöpf besser ist, schmerzfrei sterben zu dürfen.

Es ist ein Skandal, dass Staat und Justiz gegenwärtig so wenig bereit sind, die Kälte zu vertreiben, die das Ende des menschlichen Lebens umgibt. Wer ohne Aussicht auf eine erträgliche Lebensqualität die ihm am nächsten stehenden Menschen bittet, ihn sterben zu lassen, stößt in der Regel auf eine Mauer erzwungener Taubheit und – noch schlimmer – »ermutigender« Phrasen.

Inzwischen kommt auch in Deutschland ein höchstrichterliches Urteil dem Bedürfnis nach Selbstbestimmung über den eigenen Tod entgegen. Aber das Zögern der verantwortlichen Politiker ebenso wie das vieler Mediziner, dieses Urteil in Praxis zu verwandeln, steht für eine erbärmliche Vermeidung. Die Pflegenden, die den Schwerstkranken am nächsten stehen, haben in der Regel gar nichts zu melden, kein Wunder, dass so viele von ihnen nach kürzerer oder längerer Zeit in andere Arbeitsfelder wechseln. Wir können nicht zurück zum Strohtod, aber wir dürfen an ihn denken und verlangen, dass staatliche Aufmerksamkeit und politischer Mut wiederherstellen, was uns an wohltuenden Zwängen verloren ging.

Menschen werden alleingelassen, die Gnade des Todes wird ignoriert, sie liegen da, umgeben von Maschinen, von Pflegepersonal, das Auskunft über die wichtigen Fragen den Ärzten überlassen muss. Diese sprechen nur über die Werte, die sie von ihren Apparaten ablesen, und haben dringend etwas anderes zu tun, wenn sie eine Frage hören: Hat sich nicht längst der Versuch, ein Leben zu retten, in sinnlose Quälerei verwandelt?

Wir müssen einen hohen und nicht immer wirksamen Aufwand betreiben, um dem kalten Denken, das den Tod zu einer juristisch und nicht empathisch geregelten Sache macht, die Gnade des behüteten, rechtzeitigen Sterbenlassens abzuringen. Ärzte und Angehörige fühlen sich nicht sicher, wenn sie der einfühlbaren Bitte nachgeben, endlich sterben zu dürfen. Am besten, die Angehörigen bringen ein notariell beglaubigtes Dokument mit; die einfache, handschriftliche Erklärung kann den Arzt überzeugen – oder auch nicht.

Das ist im Grunde so absurd, als würde auch das Gegenstück des Todes, der Sexualakt, in dem ein Kind gezeugt wird, bürokratisch reguliert und nicht den Gefühlen der Beteiligten anvertraut. Es hat an Versuchen nicht gefehlt, sich auch hier einzumischen.

Viele Laien erwarten von der Wissenschaft etwas anderes, als Wissenschaftler geben können. Sie wollen nichts von Hypothesen wissen, von Provisorien, die jederzeit falsifiziert werden können und niemals eine richtig gute, sondern allenfalls eine mit geringerer Wahrscheinlichkeit schlechte Entscheidung begründen. Sie suchen nicht Forschungsergebnisse, sondern Geborgenheit, sie sehnen sich nicht nach einer Theorie, die doch immer ein Gebäude ohne Dach ist, sondern nach dem Gehäuse des Mythos, in dem man sich leicht zurechtfindet und klare Wahlen hat.

In dem akademisch orientierten, mit seriösen Medien vertrauten Leben, das ich führe, begegnet mir fast jeden Tag der Dünkel, mit dem sich diese Welt von Populisten, Narzissten und Verschwörungsgläubigen abgrenzt. Und obwohl ich mich für einen skeptischen Menschen halte und Mythen schon lange lieber analysiere als glaube, bin ich nicht einverstanden mit dem entwertenden Umgang, der Menschen trifft, die aus der Wissenschaft zum Mythos desertieren. Er scheint mir respektlos gegenüber ihren Anstrengungen, sich einen Weg zu bahnen, der voller Fehler, Verfolgungs- und Verschwörungsbilder ist, aber doch Gefühlszustände getreulich wiedergibt. Was hier an emotionalen Wahrheiten in fantastischen Kostümen tanzt, wird ein forschender Geist zu verstehen suchen und nicht in autoritärer Geste abweisen.

Die Möglichkeit einer Impfung wird angesichts der Pandemie zu einem Politikum. Wer mit dem naturwissenschaftlichen Denken vertraut ist, wird die Impfung für einen der gar nicht so zahlreichen medizinischen Fortschritte halten, die großen Nutzen für die Gesundheit mit minimalem Risiko verbinden. Einwände gegen diese segensreiche Erfindung haben jedoch die Menschheit belastet, seit es Impfungen gibt.

So ist die gefürchtete Kinderlähmung sehr erfolgreich weltweit durch eine Impfung bekämpft worden. Aber es gab Rückschläge, wie in Nigeria. Dort wurden 2004 in muslimischen Bundesstaaten Gerüchte verbreitet, die »christlichen« Impfstoffe würden Menschen unfruchtbar machen. Provinzgouverneure förderten die Gerüchteküche; der Streit zwischen muslimischen und christlichen Bundesstaaten ist in Nigeria endemisch. Der nigerianische Boykott warf das Programm der WHO zur Ausrottung der Polio um Jahre zurück; mit den Mekkapilgern verbreitete sich die Ansteckung wieder bis nach Indonesien; es kostete das *Global Polio Program* 500 Millionen Dollar, den Schaden einigermaßen gutzumachen.

Im Winter 2021 kam die Leiterin einer Kindertagesstätte zu mir ins Coaching. Sie rang mit der Belastung ihres Teams durch zwei junge Frauen, die sich partout nicht impfen lassen wollen, weil »die Impfung unfruchtbar macht«. Solche Mythen führen ein zähes Leben.

Nun ist es richtig, dass große Konzerne und mächtige Industrien schon oft versucht haben, die Wissenschaft krumm zu machen. Immer wieder ist es ihnen eine Weile lang geglückt. Aber wenn es eine Institution gibt, die sich selbst reinigen kann und das auch tatsächlich tut, dann ist das die naturwissenschaftliche Forschung.

Populistische Führer schreiben geradezu regelhaft den Kampf gegen Korruption auf ihre Fahnen. Wer verfolgt, was aus ihren Versprechungen geworden ist, entdeckt kein Ende der Korruption, sondern nur eine neue Gruppe, die sich bereichert. In der Naturwissenschaft und im investigativen Journalismus dagegen wird der Kampf gegen Fälschungen nicht proklamiert, sondern praktiziert. Der Kampf gegen falsche Aussagen ist Alltag. Es wird ständig geprüft, kontrolliert, nachjustiert. Wer Daten manipuliert, kommt damit nicht auf Dauer durch.

Pathetisch aufgeblähte Einzelfälle oder das Insinuendo von unterdrückten Wahrheiten, gegen die mutige Aufklärer kämpfen, entsprechen dem, was der Schweizer Psychiater Eugen Bleuler 1921 in einem heute noch lesenswerten Buch das autistisch-undisziplinierte Denken in der Medizin genannt hat. Auch Akademiker agieren unter Entscheidungs- und Handlungsdruck nicht wissenschaftlich, sondern selbstbezogen und undiszipliniert, schrieb Bleuler seinen Kollegen ins Stammbuch.

Unsere Emotionen teilen die Welt in eine erträgliche und eine unerträgliche Hälfte. Unsere Vernunft kann unendlich viele Vorzüge und Nachteile hinter einer Weggabelung aufzählen. Entsprechend parteiisch sind die Alltagsratschläge, mit denen wir Entscheidungsschwachen auf die Sprünge helfen. »Handle aus dem Bauch heraus! Folge Deiner Intuition, deinem Instinkt, deiner Eingebung!« Oder aber: »Lege eine Liste an mit allen Vorteilen und Nachteilen jeder Entscheidung, gewichte sie nach einem Punktesystem, dann machst du keinen Fehler!« Der Spatz in der Hand ist besser als die Taube auf dem Dach, sagen die einen; wer seine Träume aufgibt, gibt sich auf, die anderen.

Lasse ich mich impfen, lasse ich mich nicht impfen, was spricht dafür, was dagegen – ach, morgen ist auch noch ein Tag! Weil solches Zögern gefährlich ist und den schon sicher geglaubten Sieg über das Virus infrage stellt, wäre eine staatlich verordnete Impfpflicht hilfreich. Viele Politiker glauben, einen Beitrag zum seelischen Wohlbefinden ihrer Wähler zu leisten, indem sie deren Freiheit schützen, sich für oder gegen eine Impfung zu entscheiden. Psychologisch überzeugend ist das keineswegs. Denn wenn eine Impfung vorgeschrieben wird (wie früher die Pockenimpfung), fällt sie in ein neues Denkmuster. Sie ist dann einer der vielen Zwänge, mit denen sich ein moderner Bürger abgefunden hat: Schulpflicht, Führerschein, Geschwindigkeitsbeschränkung, Steuerzahlen, name it!

Um das Risiko der Infektion und das Impfrisiko rational zu vergleichen, muss ich naturwissenschaftlich denken und meinen Fähigkeiten vertrauen, Fakten von Gerüchten zu unterscheiden. Wer das nicht leistet, wird auf jeden Fall das Schuldgefühl über eine falsche Entscheidung vermeiden wollen, das unser modernes Leben so vielfältig belastet. Eine Impfpflicht nimmt ihm das ab. Er darf aufhören zu grübeln, es gibt etwas zu erledigen. Psychisch kann das eine Wohltat sein, auch wenn die Aktion lästig ist.

Wir sind in eine Zeit geraten, in der die Vernunft dumm wird, wenn sie das Abwägen und damit Aufschieben zum Selbstzweck macht. Das gilt für die schwer beweglichen und vor allem auf Sicherung ihres Komforts bedachten Länder Europas noch weit mehr als für den Rest der Welt.

Ich bin so alt, dass ich mich an die Zeit erinnere, in der sich niemand beim Lenken eines Automobils sicherte. In meinem ersten Käfer, mit Zwischengas zu schalten, gab es immerhin schon Gewinde für den Einbau von Sicherheitsgurten. Weil ich immer gerne gebastelt habe, baute ich sie ein und legte sie auch an. Das war lange Zeit absolut freiwillig, aber mir leuchtete der Vorteil ein, nicht mit Brustkorb und Lenkrad einen Aufprall abzufangen.

Bekannte sagten, niemals würden sie sich anschnallen, das sei hochgefährlich. Sie wüssten aus sicherer Quelle, dass viele Angeschnallte elend in ihrem Auto verbrennen, weil der Gurt sich nach einem Unfall nicht lösen lässt. Aber es gab Forschung und Statistiken, am Ende setzte sich die Gurtpflicht durch. Man wird einwenden, dass der Gurt eine äußerliche Sache ist, während die Impfung in den Körper eindringt. Das ist richtig, aber dieses Eindringen ist bis auf jenen winzigen Bruchteil, in dem es unerwünschte Wirkungen gibt, absolut harmlos, wie auch das Anlegen des Gurtes nur zu einem winzigen Bruchteil der Fälle den Fahrer in einem brennenden Auto fixiert. Es geht um die statistische Rationalität, das Abwägen von Nutzen und Schaden, und eine Entscheidung hin zum größeren Nutzen für die eigene Gesundheit und – im Fall der Impfung – für den Schutz Dritter.

Je größer und näher die Gefahr, desto größer wird auch die Verzerrung der Risikoeinschätzung. So schiebe ich seit einem Jahr eine Augenoperation vor mir her, die eine trübe Linse austauschen soll, aber mit einem minimalen Risiko der Erblindung behaftet ist. Leider ist das zweite Auge vorgeschädigt, ich habe nur die eine Chance, wieder normal zu sehen, niemand kann mir garantieren, dass ich nicht zu dem einen von tausend Operierten gehören werde, bei denen etwas schiefgeht.

Es ist eben ein Teil unserer Erziehung zur Persönlichkeit, zum unverwechselbaren Individuum, der uns von Kindheit und Jugend an ersehnen lässt, etwas Besonderes zu sein. Wenn wir gerne auserwählt wären, können wir dann sicher sein, dass uns nicht gerade auch die finstere Seite des Schicksals erwählen wird? Dass alle anderen Flieger, die gerade in der Luft sind, sicher landen, während der abstürzt, in dem ich sitze? Nimm dich nicht so wichtig, mahnt das Gewissen – aber indem es mahnt, macht es sich doch schon wieder wichtig und reißt uns aus der fatalistischen Gelassenheit, die in einem Slum der dritten Welt wohl einfacher zu haben ist als in einer Altbauwohnung in München-Schwabing.

Die narzisstische Komponente, mit der ich mich vor meiner Katarakt-Operation plage, spielt auch in der Impfdebatte eine wichtige Rolle. Unser Immunsystem, das eindringende Erreger abwehrt, ist ein ganz wesentlicher Teil der eigenen Fantasie über das Ich. Wenn ich alle eindringenden Viren aus eigener Kraft besiegen kann, erhebt das mein Selbst über die Ängstlichen, die sich das nicht zutrauen. Und dieses Gefühl, potenziell auf der Siegerseite zu sein, ein naturwüchsiger Held, soll ich opfern? Nicht gern, auch wenn ich zugebe, dass zu den Zeiten, in denen unser Immunsystem sich entwickelte, kein Fledermaus-Virenmutant im Airbus von Wuhan nach Europa reiste.

Ich erhoffe mir von der Impfpflicht eine von moralischen Blähungen befreite Situation. Es könnte dann Impfmuffel geben, wie seinerzeit die Gurtmuffel; große Worte wie Verantwortungslosigkeit oder eine Verschwörung der Schlafschafe würden verschwinden. Übrig bleiben Menschen, die unterschiedlich mit Ängsten umgehen, und ein Staat, der das ihm Mögliche für die Gesundheit seiner Bürger tut. Wer der Impfpflicht gehorcht, ist kein Tugendbold; wer sich ihr entzieht und ein Bußgeld zahlt, kein schlechter Mensch.

## Vom Fatalismus zur Erregung

Die Möglichkeit einer schnell verfügbaren Impfung hat unseren Umgang mit Pandemien fundamental beeinflusst. Noch 1970 reagierten Mediziner wie Bürger gegenüber der damals grassierenden Hongkong-Grippe-Pandemie gelassen fatalistisch. Ihre Reaktion lässt sich so zusammenfassen: Gegen Viren kann man wenig machen. Die körpereigene Abwehr der Gesunden reicht aus, um die Infektion zu überleben. Die Opfer unter den bereits Erkrankten, wenig Lebenskräftigen nehmen wir in Kauf. Dieser Fatalismus hatte den Vorzug, dass die meisten Bürger keinen Anlass sahen, sich mit der Gefahr einer tödlichen Virusinfektion zu beschäftigen. Sie blieben angstfrei und guten Mutes.

Nachdem Christian Barnard 1967 das erste menschliche Herz transplantiert hatte, beherrschte die Chirurgie die Aufmerksamkeit der medizinisch Interessierten. Um die durch immer gewagtere Eingriffe über Tage hin in einen Zustand zwischen Leben und Tod versetzten Transplantationspatienten am Leben zu erhalten, wurde die Intensivmedizin gefördert und weiterentwickelt. Diese Disziplin spielt im Umgang mit Covid-19 eine wichtige Rolle. Staatliche Eingriffe in die Freiheitsrechte der Bürger werden jetzt damit gerechtfertigt, dass ohne eine Kontrolle der Epidemie die intensivmedizinische Versorgung zusammenbricht. Auf die Paradoxie, dass plötzlich Menschen Opfer für ein Gesundheitssystem bringen sollen, das doch eigentlich für die Menschen da ist, hat jüngst der Züricher Philosoph Olivier del Fabbro hingewiesen.[53]

Zwischen dem Problem und dem Dilemma zu unterscheiden, ist ein Denkmodell, das uns in schwierigen Situationen weiterhilft. Während das Problem gelöst werden kann, legiert sich das Dilemma aus zwei Problemen, von denen sich das eine verschärft, wenn ich das andere lösen möchte.

Ansteckung ist ein typisches Problem mit klarer Ansage: Ich bin entweder infiziert oder nicht. Das Gleiche gilt für medizinische Hilfen wie Intensivbetten oder Impfdosen (sie sind entweder da oder nicht da) und für Todesfälle (wir können sie zählen).

Das Dilemma meldet sich, sobald wir uns über die komplexen Bedingungen der menschlichen Immunreaktion informieren. Sie entscheidet, ob und wie wir eine Virusinfektion bewältigen. Wenn ich kategorisch verbiete, dass alte Menschen in Heimen von ihren Angehörigen besucht werden, schütze ich sie hoffentlich vor Covid-19. Gleichzeitig löse ich aber womöglich eine Depression aus, die ihre Abwehr so sehr schwächt, dass sie einem der ganz gewöhnlichen Keime erliegen. Kurzum: Wenn ich Menschen voneinander isoliere, weil sozialer Kontakt die Ansteckungsgefahr verschärft, schütze ich sie vor der Infektion. Wenn ich ihnen die

Wärme von Berührung und sozialem Austausch nehme, schwäche ich ihre Immunreaktionen und mache sie so verletzbarer durch die Infektion.

Wenn ich den Menschen die tödliche Gefahr von Covid-19 recht eindrucksvoll vor Augen führe, mit Bildern aus der Intensivstation oder mit aufgereihten Särgen, wird die erzeugte Angst sie bewegen, die Infektionsgefahr ernst zu nehmen. Aber gleichzeitig wird die Angst ihrer Psyche schaden und ihre Fähigkeiten vermindern, den Organismus auf die Bewältigung einer Infektion vorzubereiten; dazu ist eine entspannte, optimistische Haltung günstiger.

Zwischendurch wurde über Maßnahmen debattiert, die für einen minimalen Gewinn an Kontrolle den Menschen alle Möglichkeiten rauben, sich überhaupt noch sicher und geborgen zu fühlen. Jogger im Stadtpark festnehmen? Hausarrest für Risikogruppen?

Fatalismus schmilzt in einer technisch-wissenschaftlich aufgeklärten Welt dahin wie die Gletscher im Klimawandel. Naturkatastrophen bedeuteten Jahrhunderte lang nichts außer der Schwäche des Menschen im Angesicht der Naturgewalten. Heute gelten viele von ihnen als Zeichen für menschliches Fehlverhalten. Sie haben eine moralische Bedeutung und strapazieren nicht nur die materielle Leidensfähigkeit, sondern auch die seelische durch Schuldgefühle und Zorn.

Wer Menschen disziplinieren will, muss ihnen Angst machen. Die Coronapandemie hat den bisherigen Taktiken der Disziplinierung eine radikal neue Qualität hinzugefügt. Der vulgäre Optimismus im Umgang mit dem typischen Virusinfekt (frei nach dem Motto *survival of the fittest*) wurde mit epidemiologischem Nachdruck und Strafdrohungen zerschossen. An seine Stelle trat eine pessimistische Inszenierung: Ohne große Opfer und massive Einschränkungen werden wir die Pandemie nicht bewältigen.

Während Forscher statistische Werte im Kopf haben und medizinischen Erfolg an der Zahl vermiedener Infektionen messen, ist dem klinischen Psychologen bewusst, dass die praktizierte Verknüpfung von Covid-Infektion und Beinahe-Erstickungstod auf der Intensivstation ein Nocebo ist: Eine Information, die Patienten ähnlich schadet wie der Arzt, der aus einem Röntgenbild mit ernster Miene heftige Bewegungsschmerzen liest, die sich dann nach kurzer Zeit in der Tat einstellen.

Seit 1970 hat sich unser Blick auf Viren radikal verändert. Den wichtigsten Einbruch in eine Front der Sorglosigkeit verursachte das HIV-Virus. Es hat dem Mythos vom starken Immunsystem als Schutzmacht ein ebenso jähes Ende bereitet wie der angstfreien Promiskuität. Eine HIV-Infektion wird ganz und gar nicht von einem intakten Immunsystem hinweggefegt. Im Gegenteil: Die Erreger dringen in die Zellstrukturen der körpereigenen Abwehr ein und legen diese lahm. Zum ersten Mal wurde bei HIV ein Test zum Orakel über Gesundheit oder Siechtum.

Obwohl HIV-Infizierte heute behandelt werden können und die Ansteckung nicht mehr tödlich ist, hat dieser Schock das Bild der Virusinfektion ebenso radikal verändert, wie er die Forschung auf diesem Gebiet beschleunigte und intensivierte. Von da an ist der Mythos vom todbringenden Virus in den Medien fest verwurzelt; er kann auf Leinwand und Bildschirm jederzeit epidemisch werden.

Unzweifelhaft ist die Coronapandemie eine unerwartete Zumutung, die uns der Fortschritt der Konsumgesellschaft beschert. Das beginnt bei der Vermarktung wild lebender Tiere und dem Flugverkehr einer globalisierten Wirtschaft. Was aber die zivilisierten Länder vor allem verletzlich gemacht hat, ist die wachsende Zahl alter und chronisch kranker, in ihrer Immunreaktion geschwächter Personen.

Ein Virus, das über symptomfreie Zwischenträger diese große Gruppe besonders Verwundbarer erreichen und viele von ihnen töten kann, droht wie ein Tsunami Patientenmengen in intensivmedizinische Behandlung zu spülen. Wie viel Lebensqualität und Freiheit sollen die Immunstarken den Immunschwachen opfern? Was ist gerecht?

Wenn ein Covid-Erkrankter intubiert werden muss, weil er durch normale Atmung auch bei Sauerstoffgabe sterben würde, ist die Überlebenswahrscheinlichkeit nach dieser intensivmedizinischen Maßnahme nicht höher als 60 Prozent.[54] Fast jeder zweite wird also nach oft wochenlanger Behandlung sterben, viele andere tragen bleibende Schäden davon. An sich müssen Kranke vor einer Intubation zustimmen. Ich, bald 81 Jahre alt, wünsche mir in dieser Situation einen Arzt, der mich, ohne zu taktieren und zu beschönigen, über Risiken aufklärt und mir auch anbietet, mich schmerzfrei sterben zu lassen, wenn ich mich gegen die maximale Therapie mit unsicherem Erfolg entscheide.

Ich weiß nicht, wic viel an der Protestbewegung gegen die Impfpflicht und die Freiheitsbeschränkungen in der Pandemie dem Mangel moralischer Unterstützung des beschriebenen ärztlichen Handelns zugeordnet werden muss. Intensivmedizin als Geschäftsmodell, das auf Umsätze achtet, ist jedenfalls eine schreckliche Vorstellung.

So wächst die Anziehungskraft eines »Querdenkens«, das eher ein Kurzdenken ist, weil es die komplizierte Situation, in die unsere hoch entwickelten, überalterten Gesellschaften geraten sind, durch grobe Vereinfachungen verleugnet. Covid wird in diesen Mythen zur simplen Grippe, die Impfung ist überflüssig, ja schädlich, die Statistiken sind gefälscht. Ergebnis: Lassen wir die Schwachen sterben und schwächen nicht die Gesunden durch Kontaktverbote und wirtschaftliche Verluste.

## Was wir von Hanno Buddenbrook lernen können

Kinder bewältigen die Coronainfektion nicht nur deshalb am besten, weil ihr Immunsystem gut trainiert ist. Sie sind in der Regel auch weniger bereit, Empfindungen zu unterdrücken: Sie fühlen sich krank, wenn sie krank sind, legen sich ins Bett, wenn sie fiebern, und stehen auf, wenn es ihnen besser geht.

Anders ehrgeizige, sportliche Erwachsene, die schon in Vor-Corona-Zeiten lebensgefährliche Verläufe von Lungenentzündungen provozierten. Sie reden jede Infektion klein und unterdrücken die Symptome mit schnell eingeworfenen Medikamenten, um weiter arbeiten zu können. Wenn sie zusammenbrechen, wird das gerne der Unberechenbarkeit des Erregers zugeschrieben, nicht der Unfähigkeit der Erkrankten, ihren inneren Zustand ernst zu nehmen und zuzuhören, wenn ihnen ihr Körper etwas sagen will.

In einem Kapitel seines Romans *Buddenbrooks* beschreibt Thomas Mann die Typhus-Erkrankung eines Sohns der Lübecker Patrizierfamilie. Hanno wird die Infektion nicht überstehen, deren klinische Einzelheiten der Dichter *Mayers Konversationslexikon* von 1889 entnahm. In der Darstellung von Hannos Tod entwickelt Mann einen psychosomatischen Scharfblick, der sein Werk an vielen Stellen charakterisiert. Hanno stirbt, weil er die Zuversicht aufgegeben hat, einen Platz in dem geschäftigen, bunten und ein wenig brutalen Leben zu finden, das auf ihn wartet.

> Mit dem Typhus ist es folgendermaßen bestellt: In die fernen Fieberträume, in die glühende Verlorenheit des Kranken wird das Leben hineinrufen mit unverkennbarer, ermunternder Stimme. Hart und frisch wird diese Stimme den Geist auf dem fremden, heißen Wege erreichen, auf dem er vorwärts wandelt, und der in den Schatten, die Kühle, den Frieden führt. Aufhorchend wird der Mensch diese helle, muntere, ein wenig höhnische Mahnung zur Umkehr und Rückkehr vernehmen, die aus jener Gegend zu ihm dringt, die er so weit zurückgelassen und schon vergessen hatte. Wallt es dann auf in ihm, wie ein Gefühl der feigen Pflichtversäumnis, der Scham, der erneuten Energie, des Mutes und der Freude, der Liebe und Zugehörigkeit zu dem spöttischen, bunten und brutalen Getriebe, das er im Rücken gelassen: wie weit er auch auf dem fremden, heißen Pfade fortgeirrt sein mag, er wird umkehren und leben. Aber zuckt er zusammen vor Furcht und Abneigung bei der Stimme des Lebens, die er vernimmt, bewirkt diese Erinnerung, dieser lustige, herausfordernde Laut, daß er den Kopf schüttelt und in Abwehr die Hand hinter sich streckt und sich vorwärts flüchtet auf dem Wege, der sich ihm zum Entrinnen eröffnet hat … nein, es ist klar, dann wird er sterben.[55]

Thomas Mann hat den Widerspruch zwischen der »robusten« Härte und Entscheidungsfreude des Durchschnittsmenschen und der sensiblen, verletzlichen und komplizierten Lebensform des Künstlers pointiert. Es formuliert sich gegenwärtig anders und doch merkwürdig vertraut: Was unter politischen Aspekten unausweichlich ist, entpuppt sich für die individuelle Psyche als schwer zu tragende Last.

Berichte und Bilder von überfüllten Kliniken und vielen Toten sorgen dafür, eine Gefahr ernst zu nehmen, die kleinzureden verantwortungslos wäre. Aber sie machen die Menschen auch ängstlich und unglücklich. Das mit der Pandemie verknüpfte Trommelfeuer an Nocebos belastet die Zuversicht der Menschen. Optimismus und ein freudiger Blick auf die Zukunft tun nicht nur der Psyche gut, sie tragen auch ganz wesentlich zur körperlichen Gesundheit bei.

Wenn die Coronakrise der Menschheit hilft, die Verleugnung von Grenzen der eigenen Belastbarkeit infrage zu stellen, kann sie auch eine konstruktive Seite haben. Sie lässt sich mit einer Lupe vergleichen, die Widersprüche in einer auf Optimierung, Effizienz und Konsum angelegten Gesellschaft schlagartig vergrößert und verdeutlicht. Sie macht die Armen noch ärmer und treibt die Reichen in ihre Fluchtburgen; sie zeigt schonungslos die Mängel eines lange Jahre in zentralen Bereichen der Notfallhilfe kaputtgesparten Gesundheitswesens. Sie verschärft den chronischen Pflegenotstand, belegt die Schattenseiten des Massentourismus und die wachsende Verwundbarkeit einer von reibungslosem Funktionieren der globalen Verkehrsnetze abhängigen Wirtschaft.

Die Entzündung in der Lunge Coronakranker ist mehr als eine Anspielung auf die Atemnot des Planeten, die Gefährdung seiner Atmosphäre, die vergiftete Luft in den Metropolen. Wir könnten uns zurückbesinnen auf das wirklich Wichtige und möglichst viel von dem, was wir in den Jahren der Pandemie gelernt haben zu entbehren, für immer aufgeben.

*Schlussgedanken*

# Das Paradies ist nicht verloren

In seinen Reflexionen über die Spannungen zwischen Intuition und Rationalität sagt Kleist im »Marionettentheater«, dass wir das Paradies verloren haben; der Eingang wird vom Cherub bewacht. Zugleich macht er sich Hoffnung: Wer die ganze Erde umwandert, findet vielleicht den Hintereingang. Ich möchte einwenden: Der Weg ist gar nicht so weit. Die Vorstellung vom *verlorenen* Paradies setzt doch voraus, dass wir das Paradies in mythischer Vorzeit *besaßen*.

Wenn wir den Sündenfall als Verlust der altsteinzeitlichen Lebensform verstehen, wird klar, dass uns aus diesem Paradies niemand vertreiben kann außer wir selbst. Die Götter der Sesshaften sind eifersüchtig und rechthaberisch. Sie werden in Tempeln verehrt und in heiligen Schriften beschrieben, sie lösen sich nicht mehr periodisch auf wie die Götter der echten Nomaden, der Sammler und Jäger, die wir von den falschen Nomaden, den Hirtenvölkern, unterscheiden müssen. Denn die Hirten sind an ihre Herden gefesselt, sie kennen das Eigentum so gut wie die Bauern. Sie kennen Strukturen, die sich nicht mehr periodisch auflösen und neu erfunden werden. Und wo solche Strukturen sind, gehen ständig jene Paradiese verloren, die jedes Kind beleben könnte, sobald es zur Welt kommt.

Das Eigentum ist der Titan, der die unsterblichen Götter zeugt, die sich der Sterblichen bemächtigen. In ihren Zeichen wird gekämpft, gesiegt, unterworfen, versklavt. Solche Götter kennen Jäger nicht, so wenig wie die Urkunde, die ihr Eigentum sichert.

Eine Frau, die wegen ihrer zerstörerischen Eifersucht Hilfe sucht, erzählte mir: Ihr Vater habe als Kind 1945 sein Haus in Prag räumen müssen. Die deutschen Bürger wurden damals vertrieben. Jeder durfte zwei Koffer mitnehmen. An dem letzten Tag in der Wohnung zerschnitt der Großvater die Saiten des Steinway-Flügels und zerbrach den Rahmen mit einem schweren Hammer. Diese Geschichte fiel mir ein, als ich den Roman »Die Rückkehr« der portugiesischen Autorin Dulce Maria Cardoso las. Dort geht es um einen jungen Mann, dessen Familie nach dem Zusammenbruch der Kolonialherrschaft Angola verlassen muss. Zuvor schneidet der Vater mit einer Schere die gestickten Blumen aus dem Tischtuch.

Solche Szenen stehen für eine kalte, narzisstische Wut, die mit dem Sieg des Besitzdenkens und der dadurch radikalisierten Verlustangst zusammenhängt. Schönheit und Freude, die im Prinzip allen Menschen über Trauer und Angst hinweghelfen können, werden bekämpft, ihre Symbole vernichtet. Weil ich sie nicht mehr besitze (eigentlich: nicht mehr an sie glauben kann), soll sie auch kein anderer haben. Indem ich denen, die ich als glücklicher erlebe, ihr Glück missgönne und so gut ich kann zerstöre, zerstöre ich meine eigenen Glücksmöglichkeiten gleich mit.

Wenn wir das Paradies in uns tragen, können wir es auch jederzeit finden. Es gibt viele Wege dazu, selbstvergessen zu sein, die harten Strukturen von Haben und Nichthaben für kürzere oder längere Zeit aufzulösen.

Erich Fromm hat diesen Gegensatz in seinem Buch über »Haben und Sein« ausgeleuchtet. Wie in den moralischen Allegorien über den Helden am Scheideweg – hier der steile Pfad der Tugend, dort der bequeme des Lasters – stellt er den Leser vor eine Alternative. Freilich scheint der Gedanke, wir könnten dem festen, vom System einer Profit- und Wachstumswirtschaft untermauerten »Haben« kraft eigener Entscheidung einen Seinsmodus entgegensetzen, sogar noch etwas harmloser als die moralische Allegorie, in der der Tugendpfad immerhin erheblich mühsamer ist als der Pfad des Lasters.

Ein schlichtes Abbiegen auf den richtigen Weg, eine kurze Entscheidung, kann uns nicht von der Herrschaft des Habens freisprechen. Wir Menschen sind weitgehend, aber doch nicht ganz wehrlos gegen die Strukturen, die wir selbst geschaffen haben. Wir waren nicht darauf vorbereitet, in einer von Besitzansprüchen beherrschten Welt zu leben, und leben gegenwärtig sehr riskant, weil wir sie nicht loslassen können. Wir werden erzogen, unser Eigentum zu verteidigen. Mammon ist der mächtigste Gott; er setzt sich durch, wie das Schicksal aller Versuche in den etablierten Religionen zeigt, sich gegen ihn zu reformieren. Der heilige Franziskus predigte Armut und verschenkte seine Habe. Aber die Oberen des Franziskanerordens gründeten nach seinem Tod mächtige Klöster und sammelten große Reichtümer.

Buddha lebte wie Franziskus als Bettler, seine Schüler bauten prächtige Klöster. Die Sehnsucht nach einer Kultur des Teilens wird bereits in dem Wort »Bettler« beschämt und entwertet. Aber sie hat den Menschen nie verlassen und erinnert bis heute in vielen Legenden an den ritterlichen Helden, der teilt, was er besitzt. Nur finden wir nicht in die Strukturen zurück, die den Einzelnen darin unterstützen. Sankt Martin ist ein Heiliger, der Pygmäe, der den Elefanten alleine essen will, ein Narr.

Es ist erbaulich, über Haben und Sein, über das Streben nach Besitz und die freiwillige Armut, die Gier nach Ruhm und die friedliche Bescheidung zu meditieren. Wer inneren Frieden sucht und sich von seiner Angst distanzieren kann, weniger als andere zu bekommen, verdient Respekt, dem sich freilich Ironie beimischt, wenn er uns erklärt, sobald endlich ein größerer Teil der Menschen auf Erden ihn freiwillig auf seinem Weg begleite, werde alles gut.

Es wird nicht ohne Härten gehen, nicht ohne Gesetze, nicht ohne neue Strukturen, die dem Unbescheidenen die Hand fesseln, mit der er sonst an sich rafft, worauf der Bescheidene verzichtet. Erst dann wird sich der Bescheidene entspannen und sich auf das wirklich Wesentliche besinnen können.

Wir können nicht in eine Zeit vor der Geschichte zurückkehren, in ein Paradies, das sich durch Unwissenheit erhält. Aber wir können die Geschichten aus dieser Zeit erzählen, mehr noch: Wir können etwas von ihr leben, wenn wir auf das Meer, auf Felsen oder Bäume, kurz auf etwas schauen, das nicht Mammon spiegelt, sondern das, was vor ihm war.

Ein Einkaufszentrum, ein Flughafen, die Fahrt auf der Autobahn, der Bahnhof einer Großstadt oder die Lagerhalle eines Versandhändlers beunruhigen. Es ist, als ob wir die Angst ahnen, die hinter der Kontrolle über Menschen und Dinge steht. Alles ist organisiert und mündet in ein Chaos, wenn sich nicht alle an die Regeln halten. Fehler sind unbedingt zu vermeiden – und doch sind Unfälle unvermeidlich, alles stockt, hundert, ja tausend und mehr Menschen müssen dann mehr oder weniger angespannt warten, bis das Hindernis beseitigt ist.

Wenn ich im Wald sitze und auf die Bäume schaue, blicke ich auf ein sehr komplexes System, in dem kleinere und größere Organismen um ihr Überleben kämpfen. Aber ich atme ruhiger, ich muss nicht an mich halten, mich nicht konzentrieren. Die Umgebung ist nicht gemacht, sondern gewachsen. Das heißt: Sie sorgt schon irgendwie für sich selbst, sie macht mir Angebote, sie droht wohl auch mit Gefahren. Sie befreit mich davon, mich zu bewerten, weil sie frei von Menschen ist und doch voller Leben, voller Möglichkeiten.

Das Paradies ist verloren, denn wir werden die Welt nie wieder so erleben, wie wir es vor Besitz und Verlustangst taten. Aber das Paradies ist nicht verschlossen – es gibt weder Zaun noch Mauer, wir können von allen Seiten eintreten wie in ein imaginäres Museum, das ein Türchen in unseren Garten hat und einen Eingang dreihundert Meter nach dem letzten Haus, dort, wo der Wald anfängt.

Es gibt eine jüdische Fabel, die Sheldon Kopp in seinem Buch *Triffst du Buddha unterwegs ...* nacherzählt.[56] Ich fasse sie zusammen: Wenn Unheil droht, geht der Rabbi in den Wald, entzündet ein Feuer, spricht ein Gebet, und Gott bewahrt die Gemeinde. Sein

Nachfolger geht in den Wald, weiß aber nicht, wie man ein Feuer entfacht; er entschuldigt sich dafür bei Gott, spricht das Gebet und wieder geschieht das Wunder. Sein Nachfolger soll ebenfalls Hilfe erbitten, geht in den Wald und spricht mit Gott: Ich kann kein Feuer machen, ich kenne das Gebet nicht, aber ich weiß den rechten Ort, das muss genügen! Und die Gemeinde wird gerettet. Dann trifft die Aufgabe den nächsten Rabbi, dieser ist schon sehr alt. Im Lehnstuhl spricht er zu Gott: Ich kann kein Feuer machen, kenne das Gebet nicht und nicht die Stelle im Wald. Aber ich kann noch die Geschichte erzählen, das muss genügen!

Und Gott half, denn er liebt Geschichten – aus diesem Grund hat er den Menschen geschaffen.

Wenn wir also Grund haben, an der Wiederherstellung des Paradieses zu zweifeln, heißt das nicht, dass wir aufhören sollten, Geschichten darüber zu hören oder zu erfinden. Ihnen begegnen wir überall, es gibt noch viel Paradiesisches in der Welt, und wir können dafür kämpfen, dass möglichst viele Seiteneingänge offenbleiben.

Wir müssen unseren Verschwendungskonsum einschränken, um die Erde in einem Zustand zu erhalten, der das Leben auf dem Planeten nicht gefährdet. Nicht Erwerb und Besitz, sondern die Übung der eigenen Fähigkeiten und das Interesse am Wohlergehen der Mitmenschen sind die Grundlage für Lebensglück.

Seit Menschen Macht über ihresgleichen begehren, liegt die Versuchung nahe, Macht mithilfe von Glücksversprechen zu gewinnen und zu festigen. Ob reiche Beute im Diesseits oder das Paradies im Jenseits – Lügen über künftiges Glück haben das Verhalten mächtiger Organisationen von den monotheistischen Religionen bis zu den marxistischen Utopien geprägt. Widerstandskraft gegen manipulative Versprechungen entfalten Menschen, die ihr Glück nach dem Vorschlag von Aristoteles nicht in der Versorgung mit Gütern, sondern in der Übung ihres Könnens suchen.

Die aufgeblähte Institution des Eigentums geht weit über den materiellen Besitz hinaus, den Einzelne beanspruchen. Er beginnt, erinnern wir uns an Rousseau, bei Zaun oder Mauer um »mein« Stück Land. Die Konsequenzen sind schlimm genug, aber sie werden bei Weitem durch den Anspruch von Konzernen übertroffen, die Luft und Grundwasser verpesten, um eine Riesenmaschinerie zu betreiben, die ihnen viel Nutzen, allen anderen aber nur Schaden bringt. Das zu verhindern, ist Aufgabe der Politik; sie wird aber nur dann genügend Energie entfalten, wenn sich das Bewusstsein der Bürger verändert.

Der Eigentumsgedanke wirkt wie ein Pflock, der die mitgebrachte Bereitschaft des sozial so begabten und bedürftigen Homo sapiens an die Kette legt und ihn ernstlich behindert, sein Glück im Teilen zu finden. Wir brauchen es nicht zu erlernen, den hungrigen Blick eines Mitmenschen, vor allem eines Kindes zu deuten. Wenn wir die Fähigkeit nicht verloren haben, den Kontakt zu Menschen als Glücksbringer zu erleben, werden wir immer wieder spontan den Impuls verspüren, zu teilen, was wir gerade verspeisen. Andernfalls müssen wir uns mitsamt unseres Genusses verstecken.

Ich gehe ein wenig stumpf und trübsinnig zum Einkaufen. Aus einem Auto mit italienischem Kennzeichen spricht mich eine Frau in gebrochenem Deutsch an, will den Weg zum chinesischen Turm im Englischen Garten wissen. Ich antworte in leidlichem Italienisch, erkläre den Weg, sehe in strahlende Augen, heimse Komplimente ein, lege den Rest des Weges in weit besserer Stimmung zurück – das ist banal und bezaubernd zugleich. Es macht glücklich, zu teilen.

Zweifellos wären die Vertriebenen glücklicher in ihr neues Leben aufgebrochen, wenn sie es über sich gebracht hätten, die Saiten des Flügels *nicht* mit der Drahtschere zu traktieren, die gestickten Blumen *nicht* aus dem Tischtuch zu schneiden. Der Gedanke, dass auch andere, Recht hin oder her, ihre Freude haben dürfen, weil wir alle Menschen sind, lässt in aller Trauer doch mehr Raum für das eigene Glück als Hass und Häme.

Glück ist einfach, nicht kompliziert. Deshalb haben es Erwachsene so viel schwerer, sich zu freuen, zu lachen, glücklich zu sein, als gut versorgte und beschützte Kinder. Vermutlich ist auch die Reflexion über das Glück eine eher kindische Angelegenheit. Zu diffus, zu spielerisch, wie soll das ernsthaft objektiviert werden? Durch Fragebögen?

Vergleichende Anatomen sprechen von Neotonie, um auf den Begriff zu bringen, dass von allen Primaten Homo sapiens in seinem Körperbau, vor allem in der Beschaffenheit des Schädels mit dem großen Raum für das Gehirn und dem kleinen für das Gebiss, als Erwachsener mehr kindliche Elemente behalten hat als Gorilla oder Schimpanse. Das gilt durchaus auch für unsere Psyche.

Wir können regredieren, wieder kindisch werden. In der Psychologie unterscheidet man zwischen einer bösartigen Regression, welche die Ichkräfte schwächt, und einer Regression im Dienste des Ich, die kreative Räume öffnet und etwa dem Schauspieler die Kraft gibt, von Gefühlen überwältigt zu erscheinen und zugleich diesen Prozess zu steuern.

Je älter Säugetiere werden, desto weniger spielen sie. Auch Menschen spüren den Ernst auf sich lasten, aber sie können doch ihre Leidenschaft für das Spiel behalten. Glück und Spiel gehören zusammen; Glücksspiele hingegen stehen eher für die Invasion des Kapitalismus in diese freizügige Welt. Das glückliche Spiel ist offen und kreativ; sobald es um Geld geht, beginnt das Reich der Lüge, abzulesen an der Ausbeutung Erwachsener in der Spielbank, Jugendlicher durch Computerspiele und der großen olympischen Lüge, der Sinn des Ganzen liege in der Teilnahme, nicht im Sieg.

Wir erleben Glück, wenn es uns gelingt, selbstvergessen den Augenblick zu genießen. Wir sind in der Realität, aber wir haben die Grenzen und damit die Trübnisse vergessen, die dem sterblichen Menschen drohen. Das hört sich für den Furchtsamen, den die Gewissheit von Leid und Tod plagt, sehr mühsam an, ist aber doch völlig vertraut, denn jeder, jede von uns war einmal Kind und konnte zumindest manchmal glauben, dass es nichts über den Augenblick hinaus gibt.

Wer sich in den schönen Gedanken der Seelenwanderung vertieft, der so geeignet ist, alles Leben miteinander zu verbinden, wird diesem Bild des selbstvergessenen Kindes noch das des Tieres hinzufügen. In absolutem Realitätsbezug nutzt es seine Kenntnis der Vergangenheit, um die Gegenwart zu bewältigen, niemals aber, um sich Sorgen über die Zukunft zu machen. Darin wurzelt die große Fähigkeit unserer Haustiere, Personen glücklich zu machen, die sich mit ihrer Lebensfreude verbinden können. Wer wissen möchte, wie eine glückliche Beziehung aussieht, kann sich ein Beispiel an seinem Hund nehmen: Es ist das Prinzip, sich immer und grundsätzlich zu freuen, wenn ich das Geschöpf, dem ich mich nahe fühle, sehe, höre, rieche ...

Unsere emotionalen Strukturen fügen sich nicht harmonisch in eine von Leistungsdruck und Fortschrittszwang beherrschte Welt. Wir sind anpassungsfähig genug, um diese Welt zu ertragen, aber wir leiden unter ihren Forderungen und fühlen uns nicht sicher in ihr.

Fortschritt und Zeitmessung sind Geschwister. Ohne Uhren in der Westentasche oder am Handgelenk wäre die Industriegesellschaft nicht entstanden. Wie Grundbesitz ist auch Zeitbesitz eine neuartige Qualität in der kulturellen Evolution. Zeitmessung unterwirft den nicht genau getakteten Lebensrhythmus einem fremden Gesetz.[57] Sie dürfte die wichtigste Ursache des Bluthochdrucks sein, einer typischen Zivilisationskrankheit. Die Formel »Zeit ist Geld« gehört zur kapitalistischen Wirtschaft.

Der amerikanische Philosoph Vine Deloria hält diese Formel für den ersten Schritt zur Umweltzerstörung durch die Europäer. Wenn Zeit Geld ist, muss sie auch gespart und optimal genutzt werden. Wachsende Ansprüche an Effektivität, Geschwindigkeit, Komfort und Mobilität sind die Folgen. Stammeskulturen waren nie auf der Suche nach einem bequemeren Leben, nach wirtschaftlichem Wachstum durch technischen Fortschritt. Auch der Gedanke an ein Ende der Zeit, ein Weltgericht und eine Weltreligion ist ihnen fremd. Ihr Glaube ist an Orte gebunden. Er kann nicht exportiert werden.[58]

Die spirituelle Verantwortung für die unmittelbare Umgebung bildet ein heilsames Gegengewicht zum anonymen Raubbau von Investoren, denen die Bedürfnisse der Indigenen und der Ökosysteme nur lästig sind. Hitzige Auseinandersetzungen um Autobahnen, Flughäfen, Atomkraftwerke und Wiederaufbereitungsanlagen für radioaktiven Müll spiegeln diesen Konflikt. Lange Zeit galten Bauern und Eigenheimbesitzer, die sich gegen die Verbreitung des Raubbaus wehrten, als rückständig und lästig. Es fehlte nicht viel, und der grausame Spruch aus den kolonialistischen Kriegen – nur der tote Eingeborene ist ein guter Eingeborener – hätte sich in den Kämpfen zwischen Staatsmacht und lokalem Widerstand wiederholen lassen.

Gegenwärtig setzt sich eine andere Sichtweise durch. Der Eindruck verstärkt sich, dass die Hektik des globalisierten Wirtschaftens nicht unterstützt, sondern gebremst werden muss. Mobilität beschleunigt Pandemien und raubt Ressourcen. Eine überschaubare Welt, in der sich möglichst viele Menschen persönlich kennen, gegenseitig wahrnehmen und unterstützen, passt besser zu unseren Grundbedürfnissen.

Aus solchen Überlegungen ergibt sich sogar eine Antwort auf die Frage, ob Geld glücklich macht. Die Antwort liegt nicht so weit neben dem Spruch auf einer Kachel, die in der Küche meiner Pensionswirtin in Florenz hing: *Il denaro non rende felice, ma calma molto i nervi.* Geld macht nicht glücklich, aber es beruhigt.

Der Spruch bestätigt indirekt die These, dass Angst der Leitaffekt der Zivilisation ist. Wir brauchen Geld, um in der durch die Geldwirtschaft zerrissenen und unübersichtlichen Kultur unsere ängstlich angespannten Nerven zu beruhigen. Geld ist die Steigerung der vom Hirten bewachten Herde, des gefüllten Getreidespeichers. Der Goldspeicher ist nur in Disneyland der Ort erfrischender Bäder für Dagobert Duck. Er steht für einen abstrakten Vorrat, ein Guthaben, das sich einlösen lässt. Indem ich bezahle, bin ich mächtig – und kalt. Ich mache jeden zwischenmenschlichen Austausch, jedes Teilen zu einer Transaktion: Geld gegen Ware oder Dienstleistung.

In einem sozialpsychologischen Experiment wurden Passanten gebeten, beim Transport einer sperrigen Last mit anzupacken. Sie taten es häufiger, wenn die Hilfe spontan und emotional bleiben durfte. Das Angebot einer kleinen Summe weckte Widerwillen. Bezahlung in einer Situation, in der wir Spontaneität erwarten, wird als Erniedrigung verstanden. Das Glück der Szene geht verloren, sobald Geld ins Spiel kommt.

So bietet der unausweichliche Rückbau einer auf bösartigem Wachstum beruhenden Zivilisation auch die Möglichkeit, sich auf neue Formen des Teilens zu besinnen und sich den primären Glücksmöglichkeiten wieder zu nähern. Wir wissen heute genauer, was uns wirklich glücklich macht und was unserem Glückserleben im Weg steht. Homo consumens steht eine glücklose Zukunft bevor; die Frage bleibt offen, ob Homo sapiens seine Glückspotenziale retten und bewahren kann.

# Anmerkungen

1 Rousseau, Jean-Jacques: Akademieschrift, 2. Teil.

2 Siehe Schmidbauer, Wolfgang: »Kaltes Denken – warmes Denken. Der Gegensatz von Macht und Empathie«, Hamburg 2020. Marita Hansen verdanke ich den Hinweis auf die Parallelen zwischen den von mir beschriebenen Phänomenen und dem von Hartmut Rosa entwickelten Gegensatzpaar von Verfügbarkeit und Resonanz. Vgl. Rosa, Hartmut: Unverfügbarkeit, Berlin 2020.

3 »Das Boot ist voll! Schluss mit Asylbetrug« – mit diesem Slogan profilierten sich die »Republikaner« Anfang der 1990er-Jahre am rechten Rand des Parteienspektrums. Dass diese Hetze nach dreißig Jahren immer noch greift, ohne dass die angekündigte Kata-strophe eingetreten ist, zeigt die Macht von Beraubungsängsten.

4 Einen Überblick bietet Lee, Richard David/DeVore, Irven (Hrsg.): Man the Hunter, Chicago 1968; vgl. auch Schmidbauer, Wolfgang: Jäger und Sammler. Als sich die Evolution zum Menschen entschied, Planegg 1973.

5 Vergleiche Schmidbauer, Wolfgang: Biologie und Ideologie. Zur Kritik der Humanethologie, Hamburg 1973.

6 Vgl. Theweleit, Klaus: Männerphantasien, Frankfurt 1977.

7 Pörksen, Bernhard: Die große Gereiztheit. Wege aus der kollektiven Erregung, München 2018. Pörksen unterscheidet fünf Krisenschwerpunkte: »Wahrheitskrise«, »Diskurskrise«, »Autoritätskrise«, »Behaglichkeitskrise« und »Reputationskrise«. Ähnliche Phänomene beschreibt mein ein Jahr früher erschienener Text »Helikoptermoral. Empörung, Entrüstung und Zorn im öffentlichen Raum«, Hamburg 2017.

8 Cervantes, Miguel de: Don Quijote von der Mancha. Kapitel VIII.

9 Vaihinger, Hans: Die Philosophie des Als Ob. System der theoretischen, praktischen und religiösen Fiktionen der Menschheit auf Grund eines idealistischen Positivismus, Berlin 1911.

10 Goethe, Johann Wolfgang von: Wilhelm Meisters Lehrjahre. Ein Roman,Vierter Band, Berlin 1796, S. 259.

11 Nietzsche Friedrich: Jenseits von Gut und Böse, München 1954, S. 625.

12 Der Satz war ein Schlachtruf der falangistischen Bewegung in Spanien und wird meist dem Begründer der spanischen Fremdenlegion, General Millán Astray, zugeschrieben. Er befreit den Todesmut des Kämpfers, der traditionell in einer Verbindung zu Gott oder Vaterland wurzelt, von jeder mitmenschlichen Bindung und verabsolutiert ihn.

13 Schmidbauer, Wolfgang: Kaltes Denken, warmes Denken. Über den Gegensatz von Macht und Empathie, Hamburg 2020.

14 Zu dem Artikel von Spiewak, Martin: Vom Recht, anders zu sein, ZEIT 22/2020.

15 Parents of ROGD Kids, Eltern von Kindern mit Rapid Onset Gender Dysphoria.

16 Leserbrief in ZEIT 23/2020.

17 2012 lag die Zahl der Geschlechtsangleichungen in Deutschland laut Statistischem Bundesamt bei 883, im Jahr 2019 waren es 2.324. Es gibt noch keine Statistik über Menschen, die ihre Transition bereuen. In Großbritannien verklagte Keira Bell die Ärzte, die ihr als 16-Jähriger pubertätsblockierende Medikamente und Testosteron verabreicht hatten. Vor Gericht bekam Bell recht. Die Medikation von Pubertätsblockern an unter 18-jährige ist in England und Schweden inzwischen verboten.

18 In einem nachdenklichen Artikel auf Seite Drei der SZ (07.05.2021) beschreibt Thorsten Schmitz eine Frau, die ihre Umwandlung bereut und sich in den euphorischen Berichten ganz und gar nicht wiederfindet. Sie hat mit 22 ihre Transition begonnen und bis zur Entfernung der Brüste, Eierstöcke und des Uterus durchgezogen, stellt aber heute fest, dass sie die Folgen überhaupt nicht abschätzen konnte und sich das noch viel weniger für 14-jährige vorstellen kann. Schon in dem ersten »diagnostisch-psychotherapeutischen« Gespräch bekommt sie ein Attest zur

Namensänderung und die Adresse eines Endokrinologen; nach weiteren vier Gesprächen ein Gutachten, dass ihr Transitionsbegehren nicht umkehrbar sei. Aber sie fühlt sich nach jeder Operation schlechter und lebt inzwischen wieder als Frau, wird keine eigenen Kinder haben und muss Östrogene nehmen, die auf Dauer die Leber schädigen können. In der Reportage kritisiert ein Kinderpsychiater den Hype der frühen Transitionen; eine Sprecherin der Gesellschaft für Transidentität und Intersexualität empört sich über diese Position und spricht von einer »bewährten Therapie«.

19 Anders, Günther: Die Antiquiertheit des Menschen. Band I: Über die Seele im Zeitalter der zweiten industriellen Revolution, München 1956.

20 Merkmale des neurotischen Liebesbedürfnisses sind Passivität, Hilflosigkeit, Verlust an Spontaneität und Überanpassung an die Erwartungen anderer. Geliebt zu werden wird überschätzt, das Scheitern des Wunsches, von allen geliebt zu werden und die Unfähigkeit zur Einsamkeit erhöhen die Depressionsgefahr. Dazu kommen eine demütigende Bereitschaft, für Zuneigung jeden Preis zu zahlen, und rasende Eifersucht. Vgl. Horney, Karen: Der neurotische Mensch unserer Zeit, Stuttgart 1951.

21 Vergleiche Neill, Alexander Sutherland: Theorie und Praxis der antiautoritären Erziehung. Das Beispiel Summerhill, Reinbek 1969.

22 In der US-amerikanischen Unabhängigkeitserklärung steht: »We hold these truths to be self-evident, that all men are created equal, that they are endowed by their Creator with certain unalienable Rights, that among these are Life, Liberty and the pursuit of Happiness.«

23 Shorter, Edward: Moderne Leiden. Zur Geschichte der psychosomatischen Krankheiten. Reinbek 1994.

24 Vergleiche dazu Schmidbauer, Wolfgang: Geschichte der Psychotherapie, München 2012.

25 Der Vers wurde als Refrain eines Liedes bekannt, das Alfred in der Operette »Die Fledermaus« von Johann Strauss anstimmt. Man findet ihn aber auch schon früher in Sprichwörterbüchern und in lateinischer Kürze bei Cornelius Nepos: »Irreparabilium felix oblivio rerum.«.

26 Spitzer, Manfred: Digitale Demenz, München 2012. Spitzer sammelt Beispiele, deren Eindruck er freilich durch seinen missionarischen Ton eher trübt. Aber es ist gar nicht nötig, Gehirne zu scannen, um zu wissen, dass es für die geistige Entwicklung günstiger ist, ein Musikinstrument oder ein Handwerk zu erlernen, als Musikkonserven oder Netflix-Serien zu konsumieren.

27 Sokrates: »Nun sage mir zunächst: Wenn jemand die Krätze hat und es juckt ihn und er kann sich in Fülle jucken und sein ganzes Leben mit Jucken zubringen, – heißt das auch glücklich leben?« Gorgias nach zeno.org, aufgerufen am 30.12.2020.

28 Prüfer, Tilman: »Jetzt mach doch endlich mal das Ding aus!« Reinbek 2020.

29 War früher alles besser? Diese Frage stellte das Meinungsforschungsinstitut YouGov 2016 gut tausend repräsentativ ausgesuchten Deutschen. 41 Prozent stimmten zu, nur 4 Prozent der Alternative »Früher war alles schlechter«. 47 Prozent sahen keinen so pauschal benennbaren Unterschied. Vgl. Rüschemayer, Georg: Früher war es ganz bestimmt nicht besser, FAZ-Wissen, 25.09.2018.

30 Beck, Ulrich: Risikogesellschaft. Auf dem Weg in eine andere Moderne. Frankfurt am Main 1986.

31 Freud, Sigmund: Gesammelte Werke X, S. 5.

32 Wieder erspart uns Freud nicht eine dramatische Übertreibung, die seinen tendenziösen Blick auf die Kulturanthropologie belegt: »Man muß sich hier daran erinnern, daß Vatermord und Mutterinzest die beiden großen Verbrechen der Menschen sind, die einzigen, die in primitiven Gesellschaften als solche verfolgt und verabscheut werden.« – ein Beleg für seine Projektion der im bürgerlichen Patriarchat gewonnenen Einsichten in die »primitiven Gesellschaften«.

33 Spätgebärend sind laut Definition alle Frauen, die nach dem 28sten Lebensjahr das erste Mal schwanger werden.

34 Ein einfaches Beispiel für dieses Prinzip ist der Hund, der am Tisch bettelt. Wenn er nie etwas bekommt, gibt er dieses Verhalten schnell auf; wenn er immer etwas bekommt und dann nichts mehr, gibt er es ebenfalls schnell auf – wenn er aber in unregelmäßigen Abständen belohnt wird, lässt sich das Bettelverhalten nicht mehr löschen. Die kinderlose Frau, die nie in die Nähe einer Schwangerschaft kommt, kann demnach ihre Sehnsucht

viel schneller verarbeiten als eine Frau, die sich wiederholt mit einer Beinahe-Schwangerschaft auseinandersetzen muss und in der Folge nicht mehr von dem Gedanken loskommt, es hätte doch gelingen können.

35 »Willst du den Charakter eines Menschen erkennen, gib ihm Macht!«.

36 Goethe, Johann Wolfgang: West-östlicher Diwan, Buch Suleika, 1814–1819.

37 Ausführlich in Schmidbauer, Wolfgang: Kleist. Die Entdeckung der narzisstischen Wunde, Göttingen 2012. Hartmut Rosa beschreibt Resonanz in ganz ähnlichen Begriffen: Sie lässt sich weder erzwingen noch vermeiden, sie ist transformativ, man kann nicht um sie kämpfen, denn im Kampfmodus lassen wir uns nicht erreichen, sondern wollen etwas durchsetzen. Vgl. vor allem Kapitel VI in Rosa, Hartmut: Unverfügbarkeit, Berlin 2020, S. 71 ff.

38 Schmidt von Lübeck, Georg Philipp: Des Fremdlings Abendlied, 1821. Franz Schubert hat es unter dem Titel *Der Wanderer* vertont.

39 Mt 12,43–45 ELB-BK: »Wenn aber der unreine Geist von dem Menschen ausgefahren ist, so durchwandert er dürre Örter, Ruhe suchend, und findet sie nicht. Dann spricht er: Ich will in mein Haus zurückkehren, von wo ich ausgegangen bin; und wenn er kommt, findet er es leer, gekehrt und geschmückt. Dann geht er hin und nimmt sieben andere Geister mit sich, böser als er selbst, und sie gehen hinein und wohnen dort; und das Letzte jenes Menschen wird ärger als das Erste. Ebenso wird es auch diesem bösen Geschlecht ergehen.«

40 Das Zitat stammt aus der Operette *Die Fledermaus* von Johann Strauß, Libretto von Karl Haffner und Richard Genée.

41 Porak, Clara: NEIN, SZ-Magazin 1/2021.

42 Anzengruber, Ludwig: Die Kreuzelschreiber. Der Satz wird dem Steinklopfer Hans in den Mund gelegt. Dieser fährt fort: »Selbst die größt Marter zählt nimmer, wanns' vorbei is! Ob d' jetzt gleich sechs Schuh tief da unterm Rasen liegest oder ob d' das vor dir noch viel tausendmal siehst – es kann dir nix gschehn! – Du ghörst zu dem allem, und dös alles gehört zu dir! Es kann dir nix geschehn!«

43 Nassehi, Armin: Modi des (Über-)Lebens, Kursbuch 203, Hamburg 2020, S. 39.

44 Achternbusch, Herbert: Die Atlantikschwimmer, Frankfurt 1978, S. 8.

45 Thomas Mann schrieb im *Zauberberg*: »Der Mensch soll um der Güte und Liebe willen dem Tode keine Herrschaft einräumen über seine Gedanken.«

46 Grafe, Roman: Spaß und Tod. Vom Sportwaffen-Wahn: Opfer, Täter, Lobbyisten. Halle 2019.

47 In der Tat ist Hölderlins Vers – die Strophe beginnt »Nah ist / Und schwer zu fassen der Gott« – eine Art Auftragsarbeit. Friedrich Hölderlin widmete die Hymne dem Landgrafen von Homburg, Friedrich V., an dessen Hof sich der Dichter seit 1804 aufhielt. Der Landgraf hatte1802 Friedrich Gottlieb Klopstock gebeten, ein Gedicht zu schreiben, das der »Eiseskälte der aufklärerischen Bibelexegeten« die »Glut der Frömmigkeit« entgegenstellen sollte. Klopstock lehnte den Auftrag ab; Hölderlin erfüllte ihn auf seine ganz eigene Weise.

48 Jenkins, Brian M.: International Terrorism: A New Mode of Conflict, in: Davir Carlton / Carlo Schaerf (Hrsg.): International Terrorism and World Security, London 1975, S. 16.

49 Webseite der taz, aufgerufen am 10.11.2020: »Ein Restrisiko bleibt immer«.

50 Diesen Fall habe ich ausführlich untersucht in Schmidbauer, Wolfgang: Die Psychologie des Terrors. Warum junge Männer zu Attentätern werden, Gütersloh 2009.

51 LSD (LySergsäureDiäthylamid) ist ein potentes Halluzinogen, das – ähnlich wie Meskalin und Psilocybin – die ordnenden Funktionen des Großhirns beeinträchtigt.

52 Publiziert in DIE WELT, 25.11.2020.

53 Del Fabbro, Olivier: Gebt mir einen Virus und ich werde die Welt aus den Angeln heben – ein philosophischer Kommentar, in Benoy, Charles (Hrsg.): Covid 19. Ein Virus nimmt Einfluss auf unsere Psyche, Stuttgart 2020, S. 15 f.

54 Auswertung von 24 Studien aus Asien, Europa und Nordamerika: Von insgesamt 10.150 berücksichtigten Intensivpatienten mit COVID-19 starben im Mittel 41,6 Prozent. Vgl. Pneumo-News 2020, Bd. 12, S. 49–50.

55 Mann, Thomas: Buddenbrooks. Verfall einer Familie, Frankfurt 1901.

56 Kopp, Sheldon B.: Triffst du Buddha unterwegs ... Psychotherapie und Selbsterfahrung, Köln 1976. Der amerikanische Originaltitel *If you meet Buddha on the road, kill him!* spiegelt Kopps Haltung genauer; es geht ihm darum, dass selbst entdeckte Einsichten eine andere Qualität haben als übernommene Lehren.

57 Geißler, Karl Heinz / Geißler, Jonas: Time is Honey. Vom klugen Umgang mit der Zeit, München 2015.

58 Deloria, Vine: Nur Stämme werden überleben, München 1978.

# Über den Autor

Wolfgang Schmidbauer ist einer der bekanntesten Psychoanalytiker Deutschlands. Seine Bücher über Liebe, Ängste und das Helfersyndrom verkauften sich millionenfach und wurden zu Standardwerken. Schmidbauer war in den 1970er-Jahren einer der ersten Kritiker der Konsumgesellschaft und hat als junger Erwachsener selbst erlebt, wie viel mehr Glück ein Leben ohne Warenluxus und Konsumzwang zu bieten vermag.

Bei oekom erschien von ihm zuletzt »Die Kunst der Reparatur«.